みんなで考える こんなときどうするの？

Risk Management and Safety Control in Libraries: Knowledge Sharing for Dealing with Emergencies

図書館における危機安全管理マニュアル作成の手引き

How to Prepare Your Procedure Manual

日本図書館協会図書館政策企画委員会
『こんなときどうするの？』改訂版編集チーム●編

日本図書館協会

Risk Management and Safety Control in Libraries: Knowledge
Sharing for Dealing with Emergencies

みんなで考える こんなときどうするの？ ： 図書館における危機安全管理マニュアル作成の手引き ／ 日本図書館協会図書館政策企画委員会『こんなときどうするの？』改訂版編集チーム編． － 東京 ： 日本図書館協会，2014． － 244p ； 21cm． － ISBN978-4-8204-1408-7

t1．ミンナ デ カンガエル コンナトキ ドウスルノ
t2．トショカン ニ オケル キキ アンゼン カンリ マニュアル サクセイ ノ テビキ
a1．ニホン トショカン キョウカイ　s1．図書館経営　①013

はしがき

　2011年3月11日の東日本大震災から3年半がたった。死者15,889人・行方不明者2,601人・負傷者6,152人の人的被害(2014年9月10日現在)があった。この未曾有の災害で，多くの図書館もまた被害に見舞われ，職員全員が津波に浚われた図書館もあった。図書館という施設・建物だけでなく，おびただしい図書・資料・史料が喪失し，人々が受け継いできた知識や英知の集成が跡形もなく消えていく様に呆然となった。

　日本図書館協会は，震災発生の直後から"HELP-TOSHOKAN"というボランティア・プロジェクトを立ち上げ，2014年の今も活動を行っている。図書修理ボランティアの養成と派遣，自動車図書館支援など，復興支援ボランティアの活動の範囲は広がり，震災後3年半にして，また，図書館現場からのボランティア派遣依頼が増えている。その内容は，資料の廃棄作業，図書館の蔵書構成支援など，図書館が地域の人々に生きる拠点を提供する力になりつつある。

　そんなとき，テレビのニュースは，地球温暖化現象の影響による集中豪雨によって全国各地で豪雨被害が頻発していることを伝え始めた。この原稿を書いているさなかにも，広島市北部の集中豪雨で土砂災害が発生し，死者72人で未だ消息不明の方がおられると報道は伝えている。日本図書館協会のメールマガジン(2014年8月27日)では，広島市立図書館2館が浸水被害に遭ったことが紹介されている。

　災害被害は，予測を越えた事態であるが，図書館で仕事をしていると，予測のできない，さまざまな非常事態が生じる。そんなとき，図書館の管理運営者はもとより，図書館で働く人，図書館を拠点に活動する人，図書館を愛用する人，等々，図書館にかかわる多くの人々が，予測のできないことを予想する習慣をつけ，頭の隅に，あるいは心の隅に，被害防止の予想未来図を持つことはとても大事だ。

　この本は，自然災害はもとより，日常にありうる"図書館の危機"について，予防や災害時にとるべき対応について，いろいろな事例から，ヒントをたくさん与えてくれる。

　被害に遭わないために，被害を最小限に抑えるために，そして"被害"の起こらない素敵な図書館活動のために，ご活用いただければ幸いである。

2014年9月初めに
日本図書館協会　理事長　森　茜

◆本書を手にとられた皆様へ

　本書は2004年に発行された『こんなときどうするの？　利用者と職員のための図書館の危機安全管理作成マニュアル』，それを一部改訂して2005年に発行された『こんなときどうするの？　図書館での危機安全管理マニュアル作成の手引き』の改訂版として編集されました。おおむね旧版を踏襲しているものの，最近の問題なども取り入れたほか，記述の不明瞭な個所や現在の状況にそぐわないもの等を改めています。そして，多くの方が手に取りやすい大きさにしました。

　図書館の危機管理は，①利用者，職員を守る。②資料を守る。③施設を守る。この3点が重要であり，それらを組み合わせ，その場その場に応じて柔軟に対処していく必要があります。つまり，危機が発生したとき，ここに書かれているような，教科書どおり，型どおり，シナリオどおりの対処ができるとは限りません。では，どうしたらいいでしょうか。

　まずは，本書を読み込んでいただき，現在，自館で起こりうるトラブルについて考えてみてください。それに対してみなさんがどのような対処ができるかを，人・資料・施設面から考え，本書に記載された項目に肉づけをしていってください。

　次いで，自館のことをよく知る。ということも大切です。どこに何があって，危険な場所はどこなのか，カウンターからの死角はどこなのか。最近，クレームを言う利用者はいないか，不審な言動をする利用者はいないか，過去に事件があったか等々。それらを職員全員が共有し理解し，危機が発生しないように予防策を講じるとともに，対処法を職員全員で考え身につけておくことが重要です。

　また，「危機管理マニュアル」は作成していないが本書(旧版)を活用していて，とても重宝しているという声をよく聞きます。確かにトラブルと向き合うときに役立つかもしれません。しかし私たちは，この『こんなときどうするの？』をみなさんの館の「危機管理マニュアル」として，編集・発行したわけではありません。

　図書館で発生しているトラブルを洗い出し，みなさんが「危機管理マニュアル」を作成しやすいようにさまざまなポイントを出しているのが本書です。

　「危機管理マニュアル」は誰かが編集して与えてくれるものでもなければ，出版されているわけでもなく，みなさん一人ひとりが考え，つくっていかなければなりません。そうしなければ，図書館で真っ先に守らなければならない──人命──を簡単に失うことになってしまいます。これは極端な話かもしれませ

んが，職員一人一人が危機の発生時に動揺することなく的確に動くことは，できるようでいてなかなかできません。

　存在だけ知っていたり，何年か前に当時の担当者が作成し，そのまま活用されていなかったりする「危機管理マニュアル」では，大切なものを守ることはできません。そして，危機管理マニュアルを作成，あるいは，改訂する作業を経験することによって，みなさん一人一人が危機に向かい合うことができるはずです。意識の向上がとても重要なのです。

　本書を参考に自館独自の「危機管理マニュアル」作成に一歩，踏み出してもらえたらこんなに嬉しいことはありません。

　本書の構成は以下のとおりです。
　「対処」：トラブルに対して，具体的な対処例の一例を挙げました。ただし，先述しているように，書かれているとおりに対処をしても解決しない場合がほとんどだと思ってください。
　「ポイント」：トラブルに対処する際，どのようなことに気をつけたらよいのかを挙げてあります。みなさんが「危機管理マニュアル」を作成する際に活用いただけると思います。また，各ポイントを踏まえて対処法を考えることも重要です。
　「予防／備え」：トラブルを未然に防ぐためのポイントを挙げました。項目によっては，対処するために必要な備えが記載されています。これらを実践することによって，トラブルを回避することもできますが，やはり各図書館でこれらを下敷に独自の予防策や備えを考えてください。
　「こんなときにはどうするの？〜考えておきたいこと」：「対処」や「ポイント」，「予防／備え」を踏まえ，図書館で発生するかもしれないトラブルを盛り込みました。職場の中で，どのように対処するか，図書館構成員全員で，ともに話し合ってください。ただし，回答や参考になる事例は記載していません。

2014 年 9 月
『こんなときどうするの？』改訂版編集チーム
リーダー　中沢　孝之

＊本書では，図書館職員という言葉を使用しています。これは図書館で働くすべての人を指し，それぞれの立場での記述は行っていません。危機管理に立場や職域が入ってしまうと，危機の予防や縮小に支障が生じると判断したためです。あらかじめ承知おきください。

◆危機管理を考える前に

　公共図書館は，誰でも利用できる施設であり，日々たくさんの人が訪れています。各地の図書館では，さまざまなトラブルや事件が起き，生命をも脅かす事件すら発生しています。もし，何か事件が起こったら，いざというときに，利用者や資料，そして私たち自身を守らなければなりません。非常事態に対し，ふだんから考え，備えておく必要があります。

　そこで，図書館でどのような事件が起こりうるのか，どのような対応をしたらよいのかを考え，各図書館が危機安全管理マニュアルを作成して備えるための資料として，『こんなときどうするの？』が日本図書館協会から2004年に発行されました。ここには，図書館で実際に起こったさまざまな事例に対し，どのような考えの下にどういう対応をすればよいのかが記されています。発行当時，図書館の現場に役立つ資料だとして，多くの図書館で活用され，この資料をもとに危機安全管理の研修が行われました。

　しかしながら，この『こんなときどうするの？』には記されていない大切なことがありました。それは，図書館員自身のホスピタリティです。ホスピタリティ，つまり，来館者を丁寧にもてなすことについては，書かれていませんでした。ホスピタリティが，トラブル回避につながることがあります。

　トラブルのもととなる，利用者が図書館で不快に感じることの原因は，職員の態度・対応，他の利用者のマナー違反，図書館の環境によるものがほとんどです。そして，これらの多くは図書館員の努力や行動で改善できます。

　基本的なことですが，笑顔であいさつをしていますか？　資料を丁寧に扱っていますか？　図書館の美化，整理整頓を心がけていますか？　図書館の環境をつくるのは図書館員です。そして，その場の雰囲気がそこにいる人たちのマナーコードをつくっていきます。雰囲気づくりは，図書館員からはじめる必要があります。図書館で不快な経験をしたら，リピーターにはなりません。図書館職員が気持ちのよい対応をし，気持ちよく使える施設を維持することが，基本的なサービスであり，危機予防にもつながります。

　図書館職員には，本や情報に関する知識や経験があります。しかし，どんなに高い教養や，情報を探すノウハウがあっても，上手にコミュニケーションできなければ利用者に図書館のサービスを届けることはできません。そのために必要なのが，ホスピタリティです。

　ホスピタリティは，図書館職員の心がまえとしてとても大切なことですが，利用者のわがままを何でも受け入れるということではありません。多くの利用者が快適に図書館を利用できるようにするためのものです。ただし，理不尽な

要求をする利用者に対しては毅然として対応するということも忘れてはいけません。

　まずは,"気持ちのよい図書館"づくりを心がけることから,はじめてみませんか？

■参考
- 鈴木史穂「図書館におけるホスピタリティ　利用者とのトラブル回避のために」『図書館雑誌』102(5), 2008.5, p.313-315

目次

はしがき … iii
本書を手にとられた皆様へ … iv
危機管理を考える前に … vi

0章 心がまえ … 1

危機発生時の心がまえ～総合共通事項 … 2
- 法律ミニ知識📖 話し合いの録音は適法？ … 4
- コラム🌱 ルールを把握　備えておきたい知識・理解と把握しておきたいこと … 5

犯罪発生時の対処～総合共通事項 … 6
- コラム🌱 被害の連鎖 … 7
- 知ってる?! 掌理？ 規則は適切に改正していきましょう … 8

1章 利用規則やマナーをめぐるトラブル … 9

① 利用規則の違反，過剰要求

サービスへの不満・クレーム … 10
- 法律ミニ知識📖 公務執行妨害・威力業務妨害 … 14
- 条例と規則の違い … 14
- コラム🌱 負けるが勝ち？ … 15
- スピードアップの対応（クレーム対応は急げ！） … 15

資料の汚破損 … 16
- 法律ミニ知識📖 減価償却 … 18
- コラム🌱 本の消臭プロジェクト … 18

貸出資料の未返却 … 20
- 法律ミニ知識📖 住民監査請求 … 22

資料の無断持ち出し（⇨7. 犯罪も参照） … 23
- 法律ミニ知識📖 窃盗罪 … 25
- コラム🌱 「ブックカース」（呪いの言葉）派？or「お・も・て・な・し」派？ … 25

収集方針から外れた資料の寄贈 … 27

複写をめぐるトラブル … 28
- 法律ミニ知識📖 誰のための著作権？ … 30
- 障がいのある人への資料提供 … 30
- コラム🌱 持ち込み機器による複製について … 31

他人になりすました利用 … 32
- 法律ミニ知識📖 公文書偽造・詐欺 … 33
- コラム🌱 100歳以上になりすまし？ … 34

館内の撮影 … 35
- コラム🌱 撮影で注意したら … 36

利用者が書庫内に入り込む ……………………………………………… 37
② 利用マナーをめぐるトラブル
　飲食・喫煙 …………………………………………………………………… 38
　　コラム🌱 図書館で食べちゃだめなの？ ………………………………… 40
　ペットを連れての来館 ……………………………………………………… 41
　館内でのゲーム機使用（カードゲーム含む） …………………………… 43
　携帯電話での通話・雑談（おしゃべり） ………………………………… 45
　けんか ………………………………………………………………………… 47
　　コラム🌱 図書館で問題になる音・おと・音。 ………………………… 48
　　　　　　図書館にあるもので役立つもの〜危機管理備品としての代用 ……… 49
　異臭・悪臭の強い利用者 ………………………………………………… 50
　　コラム🌱 公の施設とホームレス ………………………………………… 52
　　　　　「靴をはいていただけませんか？」 ……………………………… 52
　飲酒・泥酔者 ……………………………………………………………… 53
　　コラム🌱 退去の方法 ……………………………………………………… 54
　たむろする利用者（目的外利用） ………………………………………… 55
　　コラム🌱 利用者間のトラブルは絶対絶対避けること！ ……………… 56
　座席トラブル ………………………………………………………………… 57
　　法律ミニ知識📘 法律から見た座席占拠 ……………………………… 58
　居眠り状態を続ける（いびきなど） ……………………………………… 59
　　法律ミニ知識📘 館長の退館命令 ……………………………………… 60
　子どもが騒ぐ・泣く ………………………………………………………… 61
　　コラム🌱 子どもの来館や声は"迷惑"？ ……………………………… 63
　迷子・子どもの放任 ……………………………………………………… 64
　子どもの置き去り ………………………………………………………… 66
　　コラム🌱 児童相談所に通報すること …………………………………… 67

2章 利用者からの申し立て …………………………………………… 69

　子どもが助けを求めてきたとき ………………………………………… 70
　　コラム🌱 子どもが吐いた ………………………………………………… 73
　DV（ドメスティックバイオレンス） ………………………………………… 74
　　コラム🌱 男女共同参画センター ………………………………………… 76
　ストーカー・つきまとい …………………………………………………… 77

3章 職員への不当行為 ……………………………………………… 81

　職員への暴言，大声で威嚇，暴力 ……………………………………… 82
　　コラム🌱 行政対象暴力 …………………………………………………… 83

職員へのセクハラ ……………………………………………………… 84
　　職員へのつきまとい・わいせつ電話 …………………………………… 86
　　　　コラム🌱 フルネームの名札 ……………………………………… 87
　　　　　　　電話の受け答えについて　まずは，相手の話を聞いてから … 88

4章　不審な行動をとる利用者をみかけたとき　　89

　　不審な行動 ……………………………………………………………… 90
　　認知症によるトラブル ………………………………………………… 92
　　　　コラム🌱 認知症について理解を深める ………………………… 94
　　自閉症の人への対応 …………………………………………………… 95

5章　施設・備品の破損　　97

　　トイレの水漏れ，水道管破裂，ガス漏れ ……………………………… 98
　　図書館施設の汚損 …………………………………………………… 100
　　　　法律ミニ知識📖 名誉毀損 ……………………………………… 101
　　　　コラム🌱 割れ窓理論 …………………………………………… 102

6章　病人や事故が発生したとき　　103

　　急病・ケガ・意識不明・急死 ………………………………………… 104
　　　　コラム🌱 救急救命は躊躇せずに！ …………………………… 106
　　感染症の発生 ………………………………………………………… 107
　　　　コラム🌱 インフルエンザにかかったら？
　　　　　　　　　──よいサービスのためには健康管理を ………… 108
　　子どもの事故 ………………………………………………………… 109
　　　　法律ミニ知識📖 国家賠償法 …………………………………… 111
　　自動ドア，エレベーターなどに挟まれる …………………………… 112
　　移動図書館車の事故 ………………………………………………… 114
　　敷地内での交通事故 ………………………………………………… 116

7章　施設(敷地)内での犯罪行為　　119

　　利用者の持ち物の盗難・置き引き …………………………………… 120
　　痴漢行為を発見，通報を受けた ……………………………………… 122
　　子どもへのわいせつ行為 …………………………………………… 125
　　凶器を持って入館 …………………………………………………… 127
　　一方的な暴力行為 …………………………………………………… 130
　　薬物の使用 …………………………………………………………… 132

図書館備品の盗難 ……………………………………………………………………… 134
盗難資料の売却 ………………………………………………………………………… 136
開館時間延長によるセキュリティの問題 ………………………………………… 138
　　　コラム 開いててよかった!? 24時間開館 …………………………………… 139

8章　施設(敷地)内でのトラブル ……………………………………………… 141

遺失物 ……………………………………………………………………………………… 142
不審物の放置 …………………………………………………………………………… 144
家庭ごみなどの廃棄および放置物 ………………………………………………… 146
動物の放置・遺棄 ……………………………………………………………………… 148
動物の侵入 ……………………………………………………………………………… 150
　　　コラム カモシカ図書館 ………………………………………………………… 152
害虫・昆虫の侵入 ……………………………………………………………………… 153
駐車場の利用に関するトラブル …………………………………………………… 155
　　　法律ミニ知識 図書館の駐車場における利用関係 ………………………… 156
戦争 ………………………………………………………………………………………… 157
　　　コラム 不発弾の処理　非常時の図書館の役割とは? ……………………… 159

9章　災害 …………………………………………………………………………… 161

自然災害1　台風・大雨・浸水・土砂災害・落雷・竜巻 ……………………… 162
　　　コラム どちらも起こる ………………………………………………………… 164
　　　　　　　空からかぼちゃ大の雹がふってきたら? ………………………… 164
自然災害2　寒波・熱波・雪害 ……………………………………………………… 165
　　　コラム 雪への対処法 …………………………………………………………… 168
　　　　　　「アニバーサリー(記念日)反応」について ………………………… 168
自然災害3　噴火・溶岩噴出・火山ガス噴出・火砕流・火山泥流など …… 169
　　　コラム 緊急時の電話の利用 …………………………………………………… 171
自然災害4　地震・津波・液状化現象 ……………………………………………… 172
　　　コラム 防災BOOKバッグ ……………………………………………………… 174
　　　　　　「伝えなきゃ」でも，ちょっと考えて
　　　　　　　——被災時の安否確認情報 ………………………………………… 175
原子力災害 ……………………………………………………………………………… 176
　　　コラム 原発事故で避難するとき役立つこと
　　　　　　～「風向きを知る!」～ ………………………………………………… 180
　　　　　　放射線量が心配される図書館では ………………………………… 180

xi

10章 職員倫理にかかわる問題 …… 181

① 情報管理
　本人以外からの個人情報の問い合わせ …… 182
　警察の捜査 …… 184
　　法律ミニ知識 📖 刑事事件の捜査 …… 185
　　コラム 🌱 警察からの捜査事項照会 …… 186
　貸出履歴へのアクセス …… 187
　　コラム 🌱 システム管理の丸投げ？ …… 188
　利用者用インターネット端末の管理 …… 189

② 職務規律
　職員間のトラブル …… 191
　職員によるSNSでの不用意な発言 …… 192
　　コラム 🌱 こんなことまでつぶやいていいの？ …… 193
　職員の問題行為 …… 194
　　コラム 🌱 職員によるストーカー行為 …… 196

③ その他
　いたずら電話・セールスの電話 …… 197
　　法律ミニ知識 📖 立法例 …… 198
　職員による犯罪・被害 …… 199
　　コラム 🌱「うちにかぎって！絶対ない」…… 200
　職員が事件・事故に巻き込まれたとき …… 202
　　コラム 🌱 重大な事故・事件が発生したら …… 203

参考資料 …… 205

　危機・安全管理チェックリスト[例] …… 206
　みんなでつくろう！リスクマップ …… 208
　KYT（K＝危険、Y＝予知、T＝トレーニング）…… 210
　防災教育の方法 …… 213
　2009年から14年までの危機事例 …… 216
　図書館の自由に関する宣言 …… 228
　参考文献等 …… 231

索引 …… 233

xii

0章

心がまえ

危機発生時に立ち向かうための基本的な心がまえとして、大切なことは何でしょう？危機に遭遇したとき冷静に対応できるように、日ごろから心がけたいことをみんなで話し合いましょう。

危機発生時の心がまえ～総合共通事項

　トラブル発生時，利用者への対応は状況によって，さまざまに変化します。しかし，対応や考え方は根底に共通したポイントがあるため，それを【危機発生時の心がまえ】として紹介します。

　これは，あくまでも基本的な対処の方法であり，実際にはこれらにアレンジを加えていかなくてはなりません。相手は人間です。その日の気分，天気，場の雰囲気，図書館員の話し方，来館するまでに見たことや感じたこと，その日食べたもの等々までが，その人の気分を左右します。残念ながらそういった背景を私たちは知ることができません。ですが，以下に示す心がまえを用いて対処すれば，相手の受ける印象は違ってきます。また組織としての対処法を考える際にも参考にすることができます。ただし，これらの対処も「機械的に」や「マニュアル的に」行う対処や，感情のこもらない言葉かけや行動は，逆効果につながりますので注意が必要です。さらに【危機発生時の心がまえ】が通用しない場面もあり，臨機応変に対応することも求められます。

　これらを踏まえ，各項目を見ていただくと同時に，この【危機発生時の心がまえ】を常に念頭におくことにより，相手との円滑なコミュニケーションを図ることができます。

まず，何をするか？

対　処　図書館でできること

- いきなり注意するのではなく，あいさつなどから明るく声をかける。
- やわらかい表情とやさしい声で話をする。
  ＊小さな声で話しかけると相手も小さな声になる。
- 誰が悪いかを決めつけない。
- 利用者の話をよく聞く。
  ＊よく聞くことで利用者の意見を理解できると同時に，感情を落ち着かせる効果がある。
- 場合によっては，毅然とした態度で話をする。

> **聞くときのポイント**

- 相手の目をできるだけ見る。
- クレームや不満は一度すべて聞く。話を繰り返すようなら，一度止めて，図書館側の意見を伝える。
- 何に対して不満があるのかを具体的に聞く。
- 対応者として誰が望まれているのか（担当者・館長・教育委員会や自治体の職員）を判断し，場合によっては回答をしてもらう。
- 別の職員に交替する⇨対応している職員が交替すると相手の態度が軟化することもある。
- 利用者の思い込み，勘違い，理解不足，図書館の説明不足を防ぐため，繰り返し状況を確認する。
- 相手の不満のポイントのみをよく聞き，改善点を提示する。ただし，できないことはできないとはっきり伝える。

- クレームには最優先で対処する。
- 職員の対応にわずかでも非があった場合は，誠実に謝罪する。
- 丁寧に自館の姿勢・方針を説明し理解を得る。わかりやすい説明を心がける。
- 別室等での話し合いは複数で行い，場合によっては録音する。
- まわりには他の利用者がいることを念頭において対応する。
- 記録（写真撮影，状況・内容・利用者の連絡先）を作成し，職員で共有する。
- 迅速に対応する（時間をかけると，利用者のイライラを増幅させるため）。
- たらい回しにしない。

危機を防ごう！

予防／備え

- 職員すべてにサービスの基本を徹底し，同じサービスを心がける。
- カウンターでは常に笑顔で対応する。
- 来館者にあいさつをし，声かけをする。
- サービス提供者としてふさわしい服装，身だしなみをする。
- 図書館としての姿勢・方針を明確にし，利用者にわかりやすく提示する。

- 利用カード発行時に，図書館利用のルールについて十分な説明をする。
- 保育園，幼稚園，学校などに出向き図書館利用ガイダンス(利用マナーを含む)をする。
- 職員教育(接遇研修)を実施する。
- 役所(自治体)内で同一のクレーマーがいないか情報を共有する。
  *同一の人物が，役所内の他の部署でも頻繁にクレームを申し立てている場合がある。この場合，情報を共有することでスムーズな対応ができることがある。
- 図書館内でのチームワークを確立する。

法律ミニ知識

《話し合いの録音は適法？》

利用者との話し合いを録音する場合に相手方の承諾は不要です。相手方の同意や承諾を得ないで会話を録音することは「秘密録音」と言われますが，これを規制する法律はありませんし，なによりも最高裁判所平成12年7月12日判決で，「後日の証拠とするために，一方当事者が相手方との会話を録音することは，たとえそれが相手方の同意を得ていないで行われたものであっても，違法ではないし，証拠能力も認められる」旨の判断を示しています。

ただし，学説の中には秘密録音を行うこと自体を否定する考え方もあり，録音自体を嫌悪する人もいることから，法的には許容されたとしてもトラブルのもとになることもありえます。実務的には，話し合いを開始する前に，相手方に対して「後日言った言わないということが問題とならないように，あなたとの会話を録音させていただきます」と通告しておくことが適当でしょう。この場合，相手方が録音を拒否したとしても，これに従う必要はなく，また，録音を行う法的根拠を求められた場合には「図書館の適正な管理を行うために図書館法第13条第2項で認められた館長の職務権限に基づき行うものですし，最高裁判決でも認められています」と回答すれば足ります。

🌱 ルールを把握
備えておきたい知識・理解と把握しておきたいこと

　ここでは「初期段階の対処」,「予防／備え」以外で,図書館職員として基本的に把握しておきたい・理解しておきたい法令や規則等を紹介します。これらの法令や規則等は,トラブル発生時や非常時に考えなければならないことのモノサシにもなりますので,ぜひ読んで参考にしてください。また,館ごとの管理規則や業務委託仕様書などは,その時々の状況に見合うように改訂を重ねることも備えとして必要となります。

【法令や規則等】
- 図書館法
- 図書館の自由に関する宣言
- 図書館員の倫理綱領
- 図書館の設置及び運営上の望ましい基準
- 著作権法
- 各自治体の図書館条例・規則・内規
- 図書館サービス計画(自治体によって名称が異なる)
- 業務委託仕様書や契約書(委託・指定管理の場合)

犯罪発生時の対処〜総合共通事項

対処　図書館でできること

まず，何をするか？

- 必ず複数で対応する。
- 挙動不審者の場合，さりげなく声をかける。
  例「こんにちは。お探しの資料はございましたか？」
- 利用者と職員の安全を第一に考える。逃げることも大切。
  ＊相手を刺激しない。
- 利用者(被害者)に，ケガがないか確認する。
- 管理責任者(館長等)に報告する。
- 教育委員会や自治体へ報告する。
- 状況に応じ警察(110番)へ通報する。
- すべての対応を終えた段階で，事故(事件)報告書を作成する。

予防／備え

命を守ることを第一に考えよう！

- 来館者にあいさつをし，声かけをする。
- 通報訓練を実施する。
- 過去に図書館で発生した犯罪について，再発を防止するために放送・ポスター掲示を行う(盗難や痴漢の予防に有効)。
- できる限り死角をつくらず見通しをよくするよう心がける。
- 館内の死角・人気のない所を把握する。
- 館内巡回を強化する。
- 手口の共有：近隣の館と類似する手口で被害がないかを情報共有する。

🌱 被害の連鎖

　地震などの自然災害をはじめ，けんか，セクハラなども含めて，ある被害，危機が発生すると，単一の被害のみならず，時間の経過とともにハザード(危機や危害をもたらす要因)が多様化し，被害が広く連鎖していきます。

★地震発生
　　⇨建造物被害⇨ライフライン断絶⇨避難者受入れ⇨ストレス……

★座席トラブル
　　⇨けんか⇨ケガ人⇨動揺する利用者⇨利用者による悪い噂……

★職員の問題行為
　　⇨関係者の処分⇨マスコミ報道⇨利用者による悪い噂⇨職員の委縮……

　単一の被害，一つの危機のみ念頭におくのではなく，こうした被害の広がり(被害の連鎖)を視野に入れる必要があります。しかも，時間の経過とともに，次第に人災をはじめとした社会的な誘因(制度，設計，構造)が強くなる傾向にあります。図書館においても，実際の危機発生時には訓練をはじめ，被害の連鎖をふまえ複眼的に対応しましょう。

参考文献
- 小林昌樹「図書館の危機管理総論　リスクの全体像とさまざまなアプローチ」『現代の図書館』40(2)，2002，p.59-67
- 鈴木良雄「公立図書館の危機管理論・序説」『現代の図書館』40(2)，2002，p.73-78
- 吉井博明，田中淳編『災害危機管理論入門　防災危機管理担当者のための基礎講座』弘文堂，2008(シリーズ災害と社会3)，337p

🌱 知ってる?! 掌理？
規則は適切に改正していきましょう

　図書館法では職員について第13条第1項第2号に「館長は，館務を掌理し…」とありますが，「掌理」の意味をご存知でしょうか？

　図書館，公民館や体育館，保育園や学校等の公共施設は都道府県や市区町村がその住民の福祉を増進する目的をもってその利用に供するための施設であり，広い意味で地方自治法第244条第1項に規定する公の施設です。さらに，学校には学校教育法，博物館と図書館にはそれぞれ法律があります。その中で，掌理という言葉が出てきます。

　「掌理」とは，『日本国語大辞典』(小学館)には「つかさどって処理すること。担当してとりまとめること。国，地方公共団体，特別法人などの機関の長または上級職員が，一定の事務をつかさどり，これをおさめること」とされています。

　これは，法律上その権限に属せしめられた事務をその権限に基づき専管して処理することであると理解できます。一方，公民館や体育館の施設の設置根拠である法令には「掌理」という用語は用いられておりません。これは校長や館長の責務が大きいことを示していると考えられます。

　その一方で，利用者とのトラブルは頻繁に，そして複雑になり，世知辛くやたらと館の管理や運営規則の提示を求める人もいます。また，図書館の職場環境は，勤務日や勤務時間を例に見ても一般の行政機関とは体制が異なり，館長には監督者として規則を適切に整備し運営する手腕も求められています。そして，運営面において，図書館には無料原則が適用されますが，公民館の場合，施設の利用が有料の場合もあり，しかも使用する場合には形式的に「許可制」を採用しています。したがって，館内秩序を乱した者には使用許可の取消しをもって臨めば足りるので，退館命令を単独で出す必要性が乏しいために，図書館利用規則のように館長の退館命令を規定する必要がないと考えることもできます。

　このことから，図書館を運営していく中で法律や条例に明記がなければ，柔軟に教育委員会の承認を得て規則改正を行ったり，必要に応じて内規(ルール)を定めたりすることで，職員が戸惑わない業務や働きやすい環境に向けた第一歩となり，いざというとき(利用者とのトラブル)の備えにもなります。

　最後に，職員は「条例・規則は館長の仕事，誰かが整えてくれるだろう」と見て見ぬふりをする「他人事」ではなく，当事者として積極的に「自分事」としてかかわり，よりよい図書館運営と職場環境の向上のため，想定される事項を積極的に話し合い整えましょう。

1章 利用規則やマナーをめぐるトラブル

図書館で働いている人が直面することが多いトラブルです。返却された資料が汚れていたらどうしますか？利用者同士がけんかをはじめたらどうしますか？さまざまなトラブルを想定してみましょう。

1 利用規則の違反，過剰要求

サービスへの不満・クレーム

- 利用規則をめぐるトラブル（規則を根拠に責め立てる）
- 規定以上の点数の資料を借りたい，館内閲覧用の資料を貸してくれと粘る
- 他の図書館と比較をして「○○図書館では聞いてくれた！」と怒鳴り散らす
- 図書館員の対応が悪いとクレーム
- インターネット上で，図書館に対する不満や悪口を書き込む

対処　図書館でできること

◆館内や電話で直接クレームを言われた場合

- あいさつなどから明るく声をかける。
- やわらかい表情とやさしい声で話をする。
  - ＊小さな声で話しかけると相手も小声になる。
  - ＊特に電話では，互いの表情が見えないので話し方に注意する。
- 相手の話をよく聞く。
  - ＊よく聞くことで利用者の意見を理解できると同時に，感情を落ち着かせる効果がある。
- 図書館の方針を話し，理解してもらう。

  > 例 いつもご利用いただきほんとうに感謝しています。○○さんもご存知のとおり，当館では「○○○（図書館の方針を説明）」と決められていて，残念ながらご希望に沿うことができません。申し訳ありません」

  > 例 いつも当館をご利用いただき，お気づきだと思いますが，残念ながらそのようなことはできません」
  >
  > ＊下線部分がポイント

- 「上司を出せ！」「お前では話にならない，担当者を出せ！」と要求されても，できる限り現場で対応する。

  > 例 「ここ（カウンター）での責任者は私です」

  ＊他館とサービスを比較してのクレームの場合，どこの図書館でどのようなサービスを受けたか詳しく確認する。市町村により運営方針は異なるが，利用者が誤認している可能性もある。

◆インターネット上で発言された場合
- 図書館としての公式アカウントや職員個人に対して発言された場合においては，個人で行動せず所属長に報告・相談した上で対処する。また，教育委員会等にも報告する。
- すみやかに対処する。

◆クレームのメール・手紙が図書館に送られた場合
- 内容の事実確認をする。
- すみやかに返答する。
- クレーム内容のみに筋道をたてて，返答する。誠意が伝わるような回答を考える。
- 丁寧に手書きで回答することもよい。宛名なども手書きがよい。
  冒頭文例）「いつも〇〇図書館をご利用いただき，ありがとうございます」

◆首長や自治体にクレームがあった場合（手紙・メール・面会）
- クレームの受付窓口となった課，担当（秘書・総務課等）にすぐに5W1Hで回答し，対応をしてもらう。
- 首長や自治体担当者に事実を伝える。

ポイント

- 内容や状況に応じて，適切な者が回答をする（担当者／館長／教育委員会）。
- 職員の対応にわずかでも非があった場合は，誠実に謝罪する。
- 別室等での話し合いは複数の職員で行い，場合によっては録音をする。
- 周囲に他の利用者がいることを念頭において対応する。
- 記録（状況・内容・対応の方法・利用者の連絡先）を作成し，全員で共有する。
- 「今回だけは特別にいたします」と特別扱いしない（「以前はしてもらったのになぜできない」というクレームにつながるおそれがあるため）。
- 複数の職員で対応する。
- 場合によっては，毅然とした態度で話をする。
- 誰が悪いかを決めつけない。
- 最初から頭ごなしに「条例で決められている」「規則が…」などと言うと杓子定規に処理しているととられ，その後の対応がうまくいかないことがある。

- クレームが出た際には利用規則をわかりやすく説明できるようにする。
- 感情的にならない。
- 職員全員で情報を共有し，クレームの内容を検討する。
  - ＊今後も同一内容のクレームが想定される場合は必要に応じて，対応の統一化や掲示などによる周知の徹底を行う。
  - ＊クレームの中にもサービス向上のヒントが潜んでいる可能性がある。
- 対応する職員が交替することによって，状況が好転することもある。
- 相手のペースに巻き込まれない。
- その場を収めようとして，すぐに謝罪などはしない。時間をかけることも必要。
- 電子メール，手紙に対しては，相手が「何を求めているか」「何に対して不満なのか」を理解し，回答する。
- 電子メールの署名部分に「楽しい読書は図書館で!!」「本をいっぱい読もう！元気なまちの元気な図書館！」等のフレーズ，楽しいロゴやキャラクターがついていると，クレームを出した利用者や頭にきている人は余計に気分を悪くするので，メールの署名欄の記述には注意する。

> **聞くときのポイント**
> - 何に対して不満があるのかを具体的に聞く。
> - 対応者として誰が望まれているのか（担当者・館長・教育委員会や自治体の職員）を判断し，場合によっては回答をしてもらう。
> - 利用者の思い込み，勘違い，理解不足，図書館の説明不足を防ぐため，繰り返し状況を確認する。
> - 相手の不満のポイントのみをよく聞き，改善点を提示する。ただし，できないことはできないとはっきり伝える。
> - クレームや不満は一度すべて聞く。話を繰り返すようなら，一度止めて，図書館側の意見を伝える。

予防／備え

- 図書館職員全員がサービスの基本を徹底して行い，同じ対応・サービスを心がける。
- カウンターでは常に笑顔で対応する。
- あいさつ，声かけを行う。
- サービス提供者としてふさわしい服装，身だしなみをする。
- 図書館としての姿勢・方針を明確にし，利用者にわかりやすいよう明示。
- 利用カード発行時に十分な説明をする。
- 保育園，幼稚園，学校などに出向き図書館利用ガイダンス(利用マナーを含む)をする。
- 職員研修(接遇研修)の実施。
- 自治体内で同一のクレーマーがいないか情報を共有する。
  *同一の人物が，役所内の他の部署でも頻繁にクレームを申し立てている場合がある。この場合，情報を共有することでスムーズな対応ができることがある(プライバシーに配慮する)。
- チームワークでクレーム処理ができる職場の雰囲気づくりを心がける。
- 図書館の管理運営規則などが今のサービスに対応できているか随時確認し，不足事項はその都度変更する。
- Web上(検索サイト)で，定期的に自館名を検索し，自館に対する意見・不満などの情報収集の作業を行う。

こんなときにはどうするの？　〜考えておきたいこと

- 利用規則が曖昧な表現の場合，どうしますか？
- 図書館の都合・職員同士の暗黙ルールのみで運営している場合，どう対応しますか？
- 第三者がSNSへ図書館への悪意の書き込みをした場合，どうしますか？
- 暴力行為に及んだときには，どう対応しますか？
  → 「3 職員への不当行為」(p.81)
- リクエストが受け入れられなかった理由と根拠資料の開示を求められた場合，どうしますか？
- PCの使用閲覧時間の根拠を示せと言われたとき，どうしますか？

■参考文献
- 鑓水三千男,中沢孝之,津森康之介『図書館が危ない！ 運営編』エルアイユー,2005,p.195
- 前川和子,中村恵信,志保田務「図書館利用者クレームへの取り組みの動向：文献的考察」『図書館界』57(2),2005.7,p.120-129
- 鑓水三千男『図書館と法 図書館の諸問題への法的アプローチ』日本図書館協会,2009 (JLA図書館実践シリーズ12),p.232-235,254
- 「悪質化するクレーム 対応のコツ：牛丼店事件は他人事ではない 急増する悪質クレームの実態」『日経レストラン』2005.3
- 関根眞一『苦情学 クレームは顧客からの大切なプレゼント』恒文社,2006
- 横山雅文『プロ法律家のクレーマー対応術』PHP研究所,2008 (PHP新書,522)
- 関根眞一『「苦情」対応力 お客の声は宝の山』講談社,2007
- 関根眞一『となりのクレーマー 「苦情を言う人」との交渉術』中央公論新社,2007 (中公新書ラクレ244)
- 「段階別・クレーム対応の要諦」『日経ヘルスケア21』2011.7,p.25-34

■関連法規
- 刑法第95条（公務執行妨害罪），第234条（威力業務妨害罪）
- 地方教育行政の組織及び運営に関する法律第33条（社会教育施設に係る教育委員会の規則制定権）

法律ミニ知識

《公務執行妨害・威力業務妨害》

　図書館における業務が公権力性を有しないサービスであるとの理由で，図書館職員の業務に対する暴行や脅迫については公務執行妨害罪ではなく威力業務妨害罪が適用されるとの主張もあります。特に，指定管理者制度が導入された図書館にあっては，その職員は公務員ではありませんので，後者がもっぱら適用されることとなります。

《条例と規則の違い》

　住民の中には，「条例ならば従うが規則には従わない」という方がいるかもしれません。条例は住民の代表である議員によって構成される議会が制定するが，規則は長その他の執行機関が制定し，議会を経由しないから住民を拘束しないという理屈です。

　もちろん，この考えは誤りです。教育委員会は「地方教育行政の組織及び運営に関する法律」第33条の規定により規則制定権を付与されており，また自治体の長も地方自治法第15条の規定により規則制定権を付与されています。こうした規則には，法規（住民の権利を制限し，ま

たは義務を課すような内容を有する法令）たる性質を有するものと，行政組織の内部規範的な性質を有するものとがあります。教育委員会規則として制定される図書館利用規則は，罰則を伴わないけれども，前者に当たると解されています。したがって，住民はこの規則の適用を受け，これを遵守することが求められます。

負けるが勝ち？

貸出のとき，延滞資料が残っている利用者に「まだ，ご自宅に本が残っていますか」と聞くことがよくあります。利用者が「ああ，残ってました，すみません，すぐに持ってきます」と言ってくれればいいのですが，「ポストに返しました」「先日，持ってきました」などと言われたとき，あなただったら何と言うでしょう。「そんなことはありません，（家を）よく探してください」と言うでしょうか。これを言われたら，その利用者の気分はどうでしょう。

では，もうひとつ，「失礼しました。こちらの手違いということもありますので，館内をよく探してみます。申し訳ありませんでした」とこちらの否として相手に返した場合はどうでしょう。利用者の気分は，最悪のレベルには行かないはずです。そして，どこか心に引っかかる，気になって家を探してみる，本棚の中に紛れていた。そうして，来館したときに「この前，言われた本，実は家にありました，すみません」と一言あるはずです。一度引いて，利用者に対し逃げ道をつくっておくことも，戦術として大切なのではないでしょうか。ただし，大量に借りている人や延滞が常習の人には通用しないのでご注意を。

スピードアップの対応（クレーム対応は急げ！）

クレーマーには気が短い人が多いようです。それでも，イライラが怒りに変わるまでには，ほんの少し時間があります。その"ほんの少しの時間"の図書館職員の対応が明暗を分けます。

利用者がイライラしている段階で，利用者が何を求めているかをすばやく察知し，的確で，丁寧な対応をすると，クレームに発展するのを防げることがあります。逆に，おどおどして，もたついた対応が，イライラした利用者をクレーマーに変えてしまうこともあります。イライラした利用者に話しかけられたら，とにかく落ち着いて，迅速な対応を心がけましょう。

利用規則やマナーをめぐるトラブル

資料の汚破損
- ●落書き
- ●ペットに汚される・噛まれる
- ●切り抜き
- ●乳幼児に破かれ，汚される
- ●食べこぼし

対処　図書館でできること

◆汚破損の申告があった場合
- ●資料の修復が可能かどうかを確認する。
- ●汚破損の届出用紙に記入してもらう(備品であることへの理解を求める)。
- ●規定に基づき資料を弁償してもらう。

◆汚破損の申告がない場合
- ●汚したと決めつけない，疑わない。あくまでも「確認」。
  - 例「この部分が汚れていて申し訳ありませんでした。読めましたか？」

ポイント

- ●意図して行えば(悪意があれば)犯罪となる。
- ●資料の切り取りや汚しているのを目撃した場合は慎重に行動する。
- ●職員の対応によって，利用者が態度を硬化させる場合がある。
- ●利用者の言動が気に入らなくても，感情的にならない。
- ●資料の汚破損は，他の利用者の図書館を利用する権利を侵害する行為である。
- ●においが付着した本は，消臭してから書架に戻す。
  - ➡ コラム「本の消臭プロジェクト」(p.18)
- ●資料確認の際はにこやかに。
- ●利用者の目の前で本を拭くことはしない。

予防／備え

- 貸出・返却時に必ず資料の状態を確認する。
  - ＊利用者からは，「(見られて) 感じが悪い，気分が悪い」と思われたり，直接言われることもあるため，利用者が不快にならないような確認方法が求められる。
  - 例「最近，本の中に私物が入っているので確認しています」
- 「かわいそうな本」，「本が泣いています」，「泣いている本たち」などのテーマで汚破損図書を集めた展示を行う。ホームページでの公開やマスコミに取り上げてもらい，利用者の注意を喚起する。
- 図書館の資料は公共の財産という認識を広める。
- 図書館の姿勢と方針を明確化 (汚損・破損に対しての弁償基準や規則を整備し周知する)。

こんなときにはどうするの？ 〜考えておきたいこと

- 返却時「借りる前から，この本は汚れていた」と言われたらどうしますか？
- 「税金を払っているんだから，これは俺の本だ，汚して何が悪い」と居直られたらどうしますか？
- 汚したと申告があって，弁償を求めたときに「もう，何回も見られて，古い本なんだから，減価償却して価値なんかない，弁償しなくても問題ない」と言われたらどうしますか？

■参考文献
- 小原由美子『図書館員のための図書補修マニュアル』教育史料出版会，2000
- 『防ぐ技術・治す技術　紙資料保存マニュアル』編集ワーキング・グループ編『防ぐ技術・治す技術　紙資料保存マニュアル』日本図書館協会，2005
- 「小特集：図書館資料の汚破損」『現代の図書館』45 (2)，2007，p.55-85

■関連法規
- 刑法第261条 (器物損壊罪)
  - ＊器物損壊罪は故意犯であり，「過失器物損壊罪」は刑法上存在しません。したがって，図書館資料を故意に切り抜いたときやマーカーで印をつけた場合などに典型的に適用されるものです。
- 民法第709条 (不法行為に基づく損害賠償)
  - ＊図書館利用規則に汚損・破損の場合の賠償に関する規定がない場合に適用します。
- 各図書館の図書館利用規則の例
  - (損害賠償)
    - 第〇条　利用中の資料を紛失し，汚損し又は破損した者は，館長の指示にしたがい，現品又は相当の代価をもって賠償しなければならない。

- 所得税法第 2 条（減価償却資産の定義），第 49 条（減価償却資産の償却費の計算及びその償却の方法）

> **法律ミニ知識**
>
> 《減価償却》
> 　減価償却とは，企業会計に関する概念です。一定の資産を購入した場合，その資産が使用できる長期間にわたって費用配分をする手続きをいいます。地方公共団体では，公営企業会計を除き，公会計に依っていることから，減価償却を採用していませんので，図書館資料が古くなったからといって，その汚損・破損に係る損害賠償が減額されることはありません。

🌱 本の消臭プロジェクト

　返却された本にタバコのにおいがついていたとき，みなさんならどうしますか？　なかなかにおいがとれず，苦戦したのではないでしょうか。
　現在は消臭や除菌，ほこり除去のための機器（ブックシャワー：図書館流通センター発売など）もあって，一定の効果があると認められており，図書館でも導入しているところがあります。しかし，すべての図書館でこの機器を購入できるわけではありません。そこで私たちの身近にあるものを工夫して，費用があまりかからず日常業務でも活用できそうな消臭法を試してみました。

◎実験方法

　タバコのにおいがついた本を何冊か用意します。消臭方法ごとに 45 ℓ のごみ袋の中に本と消臭剤を入れ，30 時間後，そしてその 1 日後の 54 時間後ににおいがどれくらいとれているか，実験者 1 人が実際ににおいを嗅いで確認しました。
　また一つの消臭方法につき，
- においが強い本を開いたまま入れた
- においはそこまで強くない本を開いたまま入れた
- においはそこまで強くない本を閉じて入れた

といった 3 種類の本を試しました。

● 新聞

　新聞紙のインクに消臭効果があると言われています。10 ～ 20 ページごとに新聞紙をはさみ，最後に新聞紙で包みます。

- **重曹**
  消臭をはじめ，生活のさまざまなところで活躍します。
- **10円玉**
  靴の中に入れると，消臭効果があると言われています。
- **お茶ガラ**
  使用済みのものを乾燥させて使います。よく乾燥させないとカビや湿気が発生するので注意が必要です。
- **消臭剤**
  今回は市販されているタバコ臭用のものを使います。使用できる期間が約1か月のものは1つ300円程度で売られています。
- **冷蔵庫用脱臭剤**
  市販の冷蔵庫用のものを使います（今回は炭が配合されているものを使用）。

◎ 結果
- **消臭方法ごとに見た結果**

	効果		効果
新聞	小	お茶ガラ	中
重曹	中	消臭剤	小〜中
10円玉	小	冷蔵庫用脱臭剤	中

- **本の入れ方による結果の違い**
  開いた本の方が閉じたものよりも効果がありました。
- **袋に入れておく時間による違い**
  長い時間入れた方が若干ではあるが，においは弱くなりました。

※実験する環境や，においの種類によって結果が異なる場合もあります。

消臭剤を使った脱臭実験

◎ 考察
　今回の実験では，重曹，お茶ガラ，冷蔵庫用脱臭剤に消臭効果がありました。新聞紙や10円玉も効果はありましたが，重曹などと比べると，やや効果は落ちます。消臭剤は，この商品のにおいとタバコのにおいが混ざっていました。そのため，どのくらいにおいが消えたのかという結果がわかりませんでした。
　本を閉じたまま袋に入れると，あまり消臭効果が見られませんでした。また，市販されているブックシャワーは本を開いて機器の中に入れ，風を本の中にまで通します。そのようなことから，本の中まで風を通すということが消臭には有効であるということがわかります。実験後，扇風機で本の中に風を通したところ，ブックシャワーと同様，においが弱くなる効果が見られました。

貸出資料の未返却

- ●引っ越し・退職・死亡・家庭の事情などによるもの
- ●認知症などにより借りたことを忘れてしまう
- ●また貸し

対処　図書館でできること

◆督促をする

〈電話での督促〉

- ●「本人がいないのでわからない」などと言われたら，プライバシーに配慮しつつ，差し支えない程度に事情を確認する。

〈郵便での督促〉

- ●借りている本が利用者以外にわからないようにする。
（「親展」にする，書名部分にシールを貼る，冊数やバーコード番号のみの記載など）
- ●内容証明・配達証明を利用し，受け取りを確認する。

〈メールでの督促〉

- ●メールアドレスを必ず確認の上，送信する。具体的な資料名は明記しない。

〈直接本人に伝える〉

- ●資料が手元にあるか確認する。
  - 例「まだ2冊残っているようです。ご自宅で確認していただけますか？」

◆また貸し

- ●また貸しの事実を見つけたときには，返却されない場合，本人が責任をとらなければならないことを伝える。

◆認知症などにより借りたことを忘れる

- ●借りた本に，「図書館の本」だとわかるカバー等をつけてもらう。
- ●たび重なる場合は本人と話し，家族の協力を得るなど特別な対応をすることも考える。
- ●関係者に探してもらい，資料が見つかったら返却してもらうようお願いする。
- ●関連機関と連携し，対処法を考える。

ポイント

- 返却されていないか再度館内を確認する。
- 電話では穏やかに話す。
  - 例「○○図書館です。こんにちは。△△様ですね。お手元に図書館の本が◇冊ありますか」
- 自然災害や火災・盗難など，状況によっては弁償免除も検討する。
- 資料を回収するため利用者宅の訪問を行う場合もあるが，回収のためのコストや手間も考える。
- 本人に直接連絡をとるように心がける。
- 家庭の事情などはあまり深く質問しない。
- 返却処理のミスも考え，利用者には高圧的な対応にならないようにする。
- できるだけ探してもらえるように依頼する。➡ コラム「負けるが勝ち？」(p.15)
  - 例「薄い本なので，どこかに紛れていませんか？」
- プライバシーに配慮する。

予防／備え

- 返却されていないか確認作業を行ってから督促する。
- 利用カード発行時に「住所や連絡先が変更になったときには，届け出をしてください」と伝える。
- どのようなケースが弁償になるのか，どのようなケースが弁償免除になるのか，過去の事例やさまざまなシチュエーションを想定し，規定や対応を決めておく。
- 確実な返却処理を行う。

こんなときにはどうするの？ ～考えておきたいこと

- 大量の本(または貴重書)を借りていたときはどうしますか？
- 利用者に「返却したはずだ」と言われたらどうしますか？
- 留学生同士でまた貸しして，双方が帰国してしまったらどうしますか？

■参考文献
- 鑓水三千男，中沢孝之，津森康之介『図書館が危ない！　運営編』エルアイユー，2005，p.93-107
- 鑓水三千男『図書館と法　図書館の諸問題への法的アプローチ』日本図書館協会，2009（JLA図書館実践シリーズ12），p.196，201，228，229

■参考サイト
- 「大学図書館の罰則規程（延滞金と学位記）」しぶろぐ（努力の上に花が咲く），2013.4.25
  http://shibure.hatenablog.com/entry/2013/04/25/024346
- レファレンス協同データベース「図書館資料の督促や延滞や時効などに関する資料」
  http://crd.ndl.go.jp/reference/detail?page=man_view&id=2000016001

■関連法規
- 刑法第252条（横領罪）
  ＊図書館資料を借りた利用者が期限までに返却せず，たびたびの督促にも応じない場合には，以後自分のものにしようとする意思の表れと評価することができます。このような場合には横領罪が成立します。
- 地方自治法第242条（住民監査請求），第242条の2（住民訴訟）

法律ミニ知識

《住民監査請求》
　貸出期限を過ぎても図書館資料が返却されず，しかも大量に未返却資料があるにもかかわらず十分な督促が行われず，安易な除籍によって処理されていると考える住民は，図書館の財産管理に適正を欠くという理由で住民監査請求を起こして適切な措置を求め，あるいは関係する公務員に対し損害の賠償を起こすことができます。また，監査委員の監査結果に不満がある住民は住民訴訟を起こすことができます。

資料の無断持ち出し
◉本・雑誌・新聞・ビデオ・DVD・CD ほか

対　処　　図書館でできること

- 発見したら呼び止め，事務室などで事情を聞く。
- 場合によっては警察(110 番)に通報する。

ポイント

- 「無断持ち出し者」を頭ごなしに「犯罪者」扱いしない。
  *貸出，複写などのサービスがあることを改めて伝えることも大事。
- 「無断持ち出し」を行いにくくすることが基本である(建物・書架配置・設備・システムなど)。
- 無断持ち出しは，他の利用者の図書館を利用する権利を侵害する行為である。

予防／備え

- 蔵書印を押す。
- 「無断持ち出しに関する住民・利用者への周知」は館内掲示にとどまらず，ホームページ，広報紙などでも周知する。
- 「資料の無断持ち出し」は「マナーの問題」ではなく「犯罪」であることを，すべての住民・利用者に明示する。
- 声かけ，あいさつ，館内巡回を積極的に行う。

【設備面での対応】
- BDS の設置や，IC タグで資料管理できるシステムの導入。
- 死角への防犯カメラ，書架フロアへの鏡(防犯ミラーと姿見)の設置。
  *防犯カメラを導入する場合については，利用者のプライバシーに十分配慮するため，導入の際には教育委員会で防犯カメラ運用規則を定める。なお，制定に際しては図書館への防犯カメラ導入に係る第三者委員会を設置して有識者に議論してもらうとよい。
  防犯カメラを設置した場合には，その旨を自治体のホームページなどで告知するとともに，図書館の入口などに「防犯カメラ作動中」という注意書きを掲示する。

- ロッカー，クローク等の設置（カバン・袋などの持ち込みのルールを定める）。
- 館内の死角を少なくする。
- 資料の別置管理（AV資料の中身や不明になりやすい雑誌等の別置管理）。

【運用面で考えられる対処】
- 職員の巡回，警備員の配置・巡回。
- 蔵書点検の実施，不明本リストの作成。
- 貸出冊数制限の緩和・撤廃。
- 利用カード発行時の住所要件（在住・在勤・在学）の撤廃。

こんなときにはどうするの？　～考えておきたいこと

- 無断持ち出しを未成年者が行ったとき，どうしますか？
- 認知症の人が資料を無断で持ち出した場合，どうしますか？
- 図書館の資料ではなく自分の持ち物だと主張された場合はどうしますか？

■参考文献
- 西河内靖泰「不明本とBDS」『現代の図書館』40(2)，2002，p.92-98
- 竹内ひとみ「図書館資料の盗難」『カレントアウェアネス』269，2002.1.20 http://current.ndl.go.jp/ca1451
- 山口由美「図書館資料の汚破損と無断持ち出しについて」『現代の図書館』45(2)，2007.6，p.74-79
- 鑓水三千男『図書館と法　図書館の諸問題への法的アプローチ』日本図書館協会，2009（JLA図書館実践シリーズ12），p.250
- 「本の盗難・紛失，4分の1に　職員『こんにちは』と声かけ　大牟田市立図書館」朝日新聞，2010.7.23朝刊 筑後
- 「竹やぶに本1433冊　飯塚・近隣図書館から盗難　傷みひどく廃棄へ」朝日新聞，2007.3.16朝刊
- 戸倉信昭「図書館の盗難・破損問題への対応　市民と行政との『信頼関係』の新たな着目点」『月刊自治研』51 (595)，2009.4，p.41-47

■関連法規
- 刑法第235条（窃盗罪）

法律ミニ知識

《窃盗罪》

窃盗罪は，他人の財物を窃取する行為によって成立します。万引きなどがその典型です。なお，14歳未満の者が犯罪にあたる行為を行った場合には，刑法第41条の規定により罰せられませんが，少年法の適用がありますので，「無罪放免」とすることは適当ではありません。親権者等に連絡してしかるべく対応すべきことを求めることが必要です。

また，強度の認知症の人など自分の行為の是非の弁別ができない方は，刑法第39条の規定により犯罪が成立しません（軽度の場合には，刑が軽減されます）が，やはり保護責任を負うべき者に連絡して図書館の利用を制限するか，保護責任者の同行を要請するなど適切な対応をするよう求めることが必要です。

「ブックカース」（呪いの言葉）派？ or「お・も・て・な・し」派？

図書の無断持ち出しの事例はさまざま。複数館から大量の本を何度も足を運んで持ち出し，古書店で換金。換金ができなかった図書は海岸に投棄していた男性がいました。ある日，その男性の挙動を不審に思った職員が玄関で声をかけたところ逃走しましたが，取り押さえられて持ち出しが発覚。ほかにも，BDSが設置されていたため，本を抱え窓から逃げようとしている事例もありました。

図書館に関する情報ポータル「カレントアウェアネス・ポータル」（国立国会図書館）でも，国内外の各種事例を見ることができます。本の盗難は古代エジプトのころからすでに発生していると紹介されていて，中世には，本を盗難から守るために，呪いの言葉として「ブックカース」（英 :*book curse*）を奥付に記し，神の怒りが利用されたそうです。本来の所有者から作品を盗んだ人物に過酷な災難が訪れるような言葉がつづられ，効果的な方法だった，とあります。

残念ながら，現代においては「ブックカース」を図書館資料の奥付の一つ一つに採用することはできませんし，なにより利用者から気味悪がられてしまいます。では，どうしたらよいでしょうか。利用者への抑止と働きかけとして，BDS，防犯カメラ等を導入することの検討，声かけや巡回，館内放送や貼り紙，防犯ミラーといった対応策をとっています。いずれもある程度の

効果はあります。しかし，無断持ち出しが発生するたびに，担当部署や議会，マスコミ，市民に今後の対応策や改善策といった説明責任が発生し，取り組む姿勢も問われます。

　ある図書館では，BDS や防犯カメラの導入は見送り，本の目立つところに蔵書印を押すことによって，転売を未然に防ぐ措置や，地元の古書店等と図書資料の転売を防ぐための協議をしています。そして，図書館内では利用者とのコミュニケーションを推進し，あいさつや声かけに重点をおく「お・も・て・な・し」を前面に押し出しています。子どもたちにも学校への出前講座を通して，図書館利用を説明する中で，無断持ち出しのことにも触れています。

＊「カレントアウェアネス・ポータル」(国立国会図書館) には，持ち出しに関するこんな記事があります。

- 英国 Lambeth Palace 図書館,1,400 冊の盗難図書を発見(記事紹介)(Posted 2013.5.1)
  http://current.ndl.go.jp/node/23434
- CA1451 - 図書館資料の盗難 / 竹内ひとみ (No.269　2002.1.20)
  http://current.ndl.go.jp/ca1451
- ペルー国立図書館の貴重資料の盗難，調査の結果約 1,000 点と判明 (Posted 2011.7.27)
  http://current.ndl.go.jp/node/17684
- 盗難に遭ったデカルトの書簡が 150 年ぶりにフランスの図書館に返還 (Posted 2010.6.9)
  http://current.ndl.go.jp/node/16335
- 盗まれたイスラエルの図書館の貴重書，ドイツで発見 (Posted 2008.9.10)
  http://current.ndl.go.jp/node/8786
- 図書館泥棒に備えるための 34 のポイント (米国図書館協会　記事紹介) (Posted 2012.3.22)
  http://current.ndl.go.jp/node/20439

収集方針から外れた資料の寄贈

◉利用者とのトラブルを避ける

対処　図書館でできること

- 受付の時点で寄贈資料に対する図書館の対応を説明する。
- 資料の取り扱いを図書館に一任してもらう。
- 資料収集方針を話し，理解してもらう。

ポイント

- 利用者に寄贈資料受取後の流れを理解してもらう。
- 寄贈には資料の受け入れに伴って，図書館側に手間や経費（人件費，消耗品費など）が発生することを説明し理解を求める。
- 資料の取り扱いについて同意書を作成し，サインをしてもらう方法もある。
- 寄贈者の気持ちが変わり「返却してほしい」と申し出があるかもしれないので，10日程度は保留しておく。

予防／備え

- 図書館の資料収集方針を策定し，公表する（広報誌・ホームページ等）。

こんなときにはどうするの？　～考えておきたいこと

- 個人情報が掲載された名簿の寄贈があった場合，どう対処しますか？

■関連法規
- 民法第549条（贈与契約）
- 図書館法第13条第2項（館長の権限と責任）
- 地方自治法第96条第1項第9号（負担付贈与を受ける場合の議会の議決）
  ＊寄贈図書を受け入れる際に贈与者が図書館にとって相当額の経済的負担を伴うような条件を付したような場合（たとえば，特別な管理を要するものとして別個の書庫を設置すること等）において，その負担を承知で当該寄贈を受け入れるときは，議会の議決が必要となります。

複写をめぐるトラブル

- ◉1冊全ページの複写依頼
- ◉住宅地図の複写範囲に関するトラブル
- ◉仕上がりへの不満・苦情

対　処　図書館でできること

- 複写のどこ(方法・手続・範囲など)に不満があるのかを聞く。
- 丁寧に自館の姿勢・方針を説明し理解を得る。
- 図書館によって，サービス内容が違うことを理解してもらう。
- 自館の複写規定を提示して説明をする。

ポイント

- やわらかい表情とやさしい声で話をする。
  ＊小さな声で話しかけると相手も小さな声になる。
- 図書館によって複写料金や複写形式が異なる。
- 著作権法そのものは，著作者を守るための法律であるということを周知する。
- 複数の図書館を利用している利用者から，複写サービスの違いを指摘される場合もある。周辺の館の運用状況を把握し，改善が必要な場合は対応する。

予防／備え

- 全職員が複写規定を理解し，同じサービスを心がける。
- 図書館としての「複写範囲のガイドライン」を提示するとともに広報で周知する。
- 資料ごとに複写できる範囲が異なるため，それを利用者に説明できるよう見解をまとめておくことが必要。
  - 例 住宅地図，国土地理院の地図，楽譜・雑誌，国立国会図書館または他県市町村からの相互貸借資料等
- 職員への著作権の研修を定期的に行う。

- 利用カード発行時に十分な説明をする。
- 学校に出向き図書館利用ガイダンスをする中で，著作権に関して説明する。
- 利用者の複写に対する不満は何なのかを収集し，改善を図るとともに，不満に対する答えをわかりやすく説明できるようにしておく。

こんなときにはどうするの？ ～考えておきたいこと

- 住宅地図の複写で納得してもらえない場合，どうしますか？
- コピー機が壊れてしまった場合，どう対応しますか？
- 職員が少ないときや混雑しているときに，大量の複写依頼があったらどうしますか？
- 同窓会名簿を複写したいと言われたらどうしますか？
- 当日の新聞記事，雑誌の最新刊を複写したいと言われたらどうしますか？

■参考文献
- 「図書館における貸与問題についての見解」日本図書館協会，2004
- 鑓水三千男，中沢孝之，津森康之介『図書館が危ない！　運営編』エルアイユー，2005，p.134-141
- 日本図書館協会著作権委員会編『図書館サービスと著作権』改訂第3版，日本図書館協会，2007（図書館員選書10）
- 鑓水三千男『図書館と法　図書館の諸問題への法的アプローチ』日本図書館協会，2009（JLA図書館実践シリーズ12），p.266
- 「図書館の障害者サービスにおける著作権法第37条第3項に基づく著作物の複製等に関するガイドライン」日本図書館協会ほか，2010
- 国公私立大学図書館協力委員会，大学図書館著作権検討委員会『大学図書館における著作権問題Q&A（第8版）』2012.3　http://www.janul.jp/j/documents/coop/copyrightQA_v8.pdf
- 専門図書館協議会著作権委員会『専門図書館と著作権Q&A 2012』専門図書館協議会，2012.9

■参考サイト
- 日本図書館協会著作権委員会　http://www.jla.or.jp/
- 文化庁ホームページ　著作権　http://www.bunka.go.jp/chosakuken/
- 公益社団法人著作権情報センター　http://www.cric.or.jp/
- 一般社団法人日本音楽著作権協会　http://www.jasrac.or.jp/
- コピーライトワールド　http://www.kidscric.com/

■関連法規
- 著作権法第31条（図書館における複製の提供），著作権法施行令第1条の3（図書館利用の複製の提供ができる施設等）

法律ミニ知識

《誰のための著作権？》

　図書館は著作権法第31条の範囲で複製サービスを行うことができますが，同条は図書館に複製サービスを行うことを義務づけたものではありません。また、図書館利用者に対して図書館に複製サービス提供請求権を認めたものではありません。多摩市立図書館事件で東京地方裁判所平成7年4月28日判決はこの旨明らかにしています。

《著作権（視覚・聴覚・学習⇒障がいのある人への資料提供）》

　著作権法第37条（視覚障害者等のための複製等），第37条の2（聴覚障害者等のための複製等）があり，平成21年6月に，障がい者のための著作物利用について，権利制限の範囲が次のとおり拡大されています。（法第37条第3項，第37条の2，著作権法施行令第2条，第2条の2，著作権法施行規則第2条の2関係）

[1]　障がいの種類を限定せず，視覚や聴覚による表現の認識に障がいのある者を対象とすること

[2]　デジタル録音図書の作成，映画や放送番組の字幕の付与，手話翻訳など，障がい者が必要とする幅広い方式での複製等を可能とすること

[3]　障がい者福祉に関する事業を行う者で政令で定める者（視聴覚障害者情報提供施設や大学図書館等を設置して障がい者のための情報提供事業を行う者や，障がい者のための情報提供事業を行う法人等のうち文化庁長官が定める者）であれば，それらの作成を可能とすること

　ただし，著作権者またはその許諾を受けた者が，その障がい者が必要とする方式の著作物を広く提供している場合には，権利制限の対象外となります。

・文化庁ホームページ　http://www.bunka.go.jp/chosakuken/21_houkaisei.html

持ち込み機器による複製について

パソコンを持参して館内で図書館のCDを多数コピーする，自身の携帯・デジタルカメラで館内の資料を多数撮影する。

ある日，館内の見回りをしていたら，閲覧席で自分のパソコンに図書館のCDを多数コピーしていた人を発見しました。やめるように注意したところ，「自分の楽しみのためにコピーしているのだから何の問題もないはずだ」と，著作権法第30条(私的使用のための複製)をふりかざしすごまれて，その場ではよい対応方法が思い当たらず，一旦事務室に退散しました。

確かに法的には問題ないと思われますが，やめてもらうのに何かよい対応のしかたがないか他の館員に相談したところ，著作権研修に行った人から参考になる資料を見せてもらいました。そこには次のように書かれていました。「著作権法で止めるのは難しいので，根拠としては，静かな読書環境を保ちたいという図書館施設の管理権に基づいて，利用者に止めてもらうよう注意すべきでしょう。」これは「無断で図書館資料をデジタルカメラで撮影している人への対応」についての内容ですが，今回の事例にも適用できると考えました。

今後は館内の禁止事項に盛り込み掲示物を作成するとともに，無断でのCDの持ち出しや解説書・盤の入れ違いなどの事故につながるおそれがあり，管理上問題があるので禁止している旨，伝えていきたいと思います。

参考サイト
- 公益社団法人著作権情報センターホームページ内のQ&A「図書館と著作権」
http://www.cric.or.jp/qa/cs03/index.htm

他人になりすました利用

対処　図書館でできること

- 発覚したら，分館，さらには近隣の市町村図書館に通知。注意を呼びかける。
  ＊不正利用者の氏名，住所，電話番号の確認。
- 不正利用者に事情を聞き，場合によっては警察に通報する。
- 即，利用停止にする。

ポイント

- 善意の利用者が大半だが，悪意のある利用者も少なからず存在するので，完全には防げない。
- 他人へのなりすましや，虚偽の証明書の提示は犯罪である。
- 本人確認のため必要な書類について職員間で共有しておく。
- 大学図書館の場合，ICカード（Suica，Icocaなど）と学生証などの複合型カードもあるため，盗難されたカードとわかったらすみやかに警察へ連絡する。
- プライバシーに配慮する。

予防／備え

- 本人確認に必要な書類を提示してもらう。
- 利用時には顔写真が確認できるものを提示してもらう。
- 複数の相手からの本人宛郵便物の提示を受け，本人確認をする方法もある。
- 登録時に顔写真を撮り，利用カードに貼付することで不正利用が防止できる（利用者が希望する場合）。
- 利用者自ら利用カードに顔写真を貼付する事例もある。
- 不正利用が発覚したときの対処例を決めておく。
- 不正利用者が借りている図書の返却方法・督促方法を決めておく。

こんなときにはどうするの？　～考えておきたいこと

- 本人確認の証明となるものの提示を拒まれた場合，どうしますか？
- 拾った利用カードを使って本を借りている中学生がいるのを，職員が気づきました。どうしますか？
- 証明書の顔が，整形などでまったく違っていたらどうしますか？
- 女装して利用カード登録に来たらどうしますか？
- 利用カードに記入する名前は本名でなく通称名にしてほしいと言われた場合どうしますか？

■参考文献

- 鑓水三千男，中沢孝之，津森康之介『図書館が危ない！　運営編』エルアイユー，2005，p.93
- 鑓水三千男『図書館と法　図書館の諸問題への法的アプローチ』日本図書館協会，2009（JLA図書館実践シリーズ12），p.210

■関連法規

- 刑法第155条（公文書偽造罪），第158条（偽造公文書行使罪），第159条（私文書偽造罪），第161条（偽造私文書行使罪），第246条（詐欺罪）

法律ミニ知識

《公文書偽造・詐欺》

　図書館において利用カードを作成するために虚偽の証明書を提示した場合，当該証明書が公文書を偽造したものである場合には公文書偽造罪が成立する可能性があります。また，民間会社等の身分証明書を偽造した場合には私文書偽造罪が成立するでしょうし，これを提示した場合には偽造私文書行使罪が成立すると思われます。また，他人になりすまして図書館資料の貸出を受けた場合には（特に，図書館設置団体以外の住民の場合），詐欺罪の成立する可能性もあります。

🌱 100歳以上になりすまし？

　夏休みにおばあちゃんの家に遊びに来た子どもが，おじいちゃんの図書館利用カードを使って本を借りていたというケースがありました。おじいちゃんが亡くなってから数年後のことです。たまたまその図書館の職員がおじいちゃんのことを知っていたため，"おかしい"と気づき発覚しました。

　おばあちゃんの家の近くの図書館では，その町に住んでいるか，勤めているか，通学している人でなければ図書館の本を借りることができないという規則がありました。そこで，その子どもは図書館の本を借りることができず，おじいちゃんのカードを使って借りていたそうです。

　定期的に図書館利用カードの更新手続きをしている図書館もありますが，開館以来，更新手続きをしていないという図書館もあります。実際に，引っ越しをした，苗字が変わった，電話番号を変えたなど，登録したときと現状が違うことがあります。

　あなたの図書館の利用カード登録者に，100歳以上の人は何人いますか？
　あなたの図書館では，どう対応していますか？

館内の撮影

- 無断で館内を撮影している
- テレビ局等から撮影の依頼があった場合　　　→複写をめぐるトラブル(p.28)

対処　図書館でできること

- 無断で館内を撮影している利用者がいたら，すぐにやめさせ，画像は消去してもらう。
- 撮影の目的を聞き，撮影申請を提出してもらう。
  - 例「撮影するための許可は取っていますか？　他の方が映ってしまいますので，館内での撮影はやめてください」
- 撮影目的が曖昧な場合や不審な場合は許可しない。
- 撮影には図書館職員が必ず立ち合う。
- 利用者が写り込んでしまう場合には撮影を中断させ，該当部分は消去させる。
- テレビ撮影の場合，利用者の迷惑にならないよう閉館時に行う。また，原状復帰を基本とする。
  - ＊テレビ撮影の目的，内容，期間，スタッフ数などを明記した企画書・撮影申請を送付してもらい，館内での撮影の可否を判断する。

ポイント

- 館内撮影のガイドラインを明文化，掲示する。
- 開館中の撮影の場合，事前に「撮影許可」の腕章・名札を用意する。
- 開館中の撮影の場合は撮影目的や番組名を利用者に周知し，協力を得る。
- 放映作品には施設名を必ず入れてもらう。
- スマートフォン，デジタルカメラを手に持ち，館内を歩き回る利用者は注視し，不審な場合は声をかける。
- 無断撮影は利用者の不安を生むことに加え，プライバシーや肖像権の侵害，Webへの投稿のおそれがあるので，早急にやめさせる。

予防／備え

- 館内入口・書架付近に撮影禁止のマークを掲示する。

- 撮影のガイドラインを職員全員が理解し説明できるようにする。
- 館内撮影の方針を明確にし，撮影申請書や撮影許可証，名札等を用意しておく。

こんなときにはどうするの？ 〜考えておきたいこと

- 書架のどこからかシャッター音が聞こえてきた場合，どうしますか？
- カメラを持って入館した利用者を目撃した場合，どうしますか？
- Web 上に館内の写真などが無断で掲載された場合，どうしますか？

■参考文献
- 鑓水三千男「図書館はデジタルカメラによる複写希望にどう対応すべきか」『カレントアウェアネス』No.312, 2012.6.20（電子版）
- 日本写真家協会『スナップ写真のルールとマナー』朝日新聞出版, 2007（朝日選書）
- 大家重夫『肖像権』太田出版, 2011（ユニ知的所有権ブックス No.14）

■参考サイト
- 全日本写真連盟　http://www.pht-asahi.com/knowledge/course/211

■関連法規
- 刑法第 130 条（住居等侵入罪）
  ＊図書館の利用目的以外の目的で館長に無断で入館した場合には，住居等侵入罪が成立する場合がありえます。
- 日本国憲法第 13 条（個人の尊重と公共の福祉＝肖像権の保護）
- 民法第 709 条（不法行為に基づく損害賠償）
  ＊本人に無断でその姿を撮影した場合には，肖像権の侵害として不法行為責任が成立し，損害賠償責任が問われることがありえます。

🌱 撮影で注意したら

　雑誌コーナーでシャッター音が聞こえたので，気をつけていると利用者がスマートフォンで雑誌の誌面を撮影している場面に遭遇。すぐに「撮影はご遠慮ください」と声をかけ，納得していただきました。

　その後，利用者から「撮影がダメならコピーさせてください，図書館はどこも本の撮影はできないんでしょうか？」と聞かれたので，「お客様の使っている図書館は撮影 OK なのですか？」と返すと，「図書館によって対応がまちまちと書いてあります」とスマホをかざしながら一言。おそらくインターネットの掲示板や相談サイトをすぐに見て返事をしたと思われます。

　これで「図書館では撮影 OK」などと書いてあれば，鬼の首を取ったように猛抗議をするんだろうなと内心，怖くなりました。

利用者が書庫内に入り込む

➡不審な行動 (p.90)
➡認知症によるトラブル (p.92)

対処　図書館でできること

- 入りそうな人がいたら注意(口頭／目視)する。
- 複数の職員で対処する。
- 管理責任者に報告する。
- 場合によっては，該当者の家族へ連絡・相談する。
- 緊急時は警察(110番)に通報する。

ポイント

- 利用者と職員の安全を第一に，無謀な行動はしない。
- 他の利用者の迷惑になるということを念頭において対処する。
- 入庫の際は入庫時間や人数を記入し，防犯ブザー(警笛)，携帯電話を持つ。
- 書庫内で事務室やカウンターと連絡がとれるようにする。

予防／備え

- 書庫に入れないように工夫する。
  - 例 書庫への入口に，立入禁止とわかる移動可能なポール等を置く。
    施錠習慣をつける。
    暗証番号式の鍵を付ける。
- 監視要請(警備の外部委託も視野に入れる)。

こんなときにはどうするの？　〜考えておきたいこと

- 「書庫に入れろ」と強引に言われたときにはどうしますか？

■関連法規
- 刑法第130条(住宅等侵入罪)
  ＊図書館は公の施設ですから，原則として住民は自由に使用することができますが，施設管理の観点から住民の立ち入りを制限することがあります。こうしたエリアに無断で立ち入ったりすれば，建造物侵入罪が成立します。

2 利用マナーをめぐるトラブル

飲食・喫煙

対処　図書館でできること

- いきなり注意するのではなく，あいさつなどから明るく声をかける。
- やわらかい表情とやさしい声で注意する。
    - 例「恐れ入ります。飲食は○○（場所）をご利用いただけますか」
- 丁寧に自館の姿勢・方針を説明し，理解を得る。
    - ＊どこでなら飲食・喫煙をしてよいか。
    - ＊飲食物を持ち込むときはどのようにすればよいか（カバンに必ずしまってもらう等）。

ポイント

- 口頭で注意する場合はできるだけ複数で行う。
- なぜだめなのかを理解・納得してもらえるよう努める。わかりやすい説明を考える。
- 喫煙は他の人への健康に影響すること，図書館は子ども，妊婦，高齢者も利用する施設であることを伝える。
- 夏期など猛暑の地域が多く，熱中症対策として水分補給を認めている図書館もある。
    - 例 ペットボトル（ふた付き）は可，等。
- 注意に従ってくれた利用者には必ず「ご協力ありがとうございました」の一言を。

予防／備え

- 飲食，喫煙できる場所を設置する。喫煙所を設置する場合は，完全分煙化する。
- 図書館としての姿勢・方針を明確にし，利用者にわかりやすいよう明示する。

- 利用カード発行時に説明をする。
  - 例「図書館内は○○を除いて飲食ができません」
    「図書館内では，指定された場所以外での喫煙をお断りしています」
- 飲食によって汚された資料を展示して，注意喚起を行う。
- 保育園，幼稚園，学校などに出向き図書館利用ガイダンス（利用マナー含む）をする。
- 他館の事例を参考に，規則の見直しをすることも検討する。

こんなときにはどうするの？ ～考えておきたいこと

- 「自宅では借りた本を飲食，喫煙しながら読んでいるのに，図書館ではなぜだめなのでしょうか」と言われたらどうしますか？
- 「他の図書館ではよいのに，ここはだめなのか」と言われたらどうしますか？

■参考文献
- 鑓水三千男，中沢孝之，津森康之介『図書館が危ない！ 運営編』エルアイユー，2005，p.25
- 黛崇仁「図書館内での水分の補給 利用者のマナー」『薬学図書館』53(2)，2008，p.144-147

■参考サイト
- 島村聡明「CA1675 読むなら飲むな？ 図書館における飲料問題」『カレントアウェアネス』298，2008.12.20
  http://current.ndl.go.jp/ca1675

■関連法規
- 各図書館利用規則（立法例）
  第○条 館長は，次の各号のいずれかに該当する者に対しては，入館を禁じ，又は退館を命ずることができる。
  (1) 館内の秩序を乱し，又は他人に迷惑を及ぼした者
  (2) その他館長の指示に従わない者
  ＊上記の館長命令に従わず，任意に退館しない者に対しては，刑法第130条（住居等侵入罪＝不退去罪）が適用されることになります。
- 神奈川県公共的施設における受動喫煙防止条例第8条（喫煙禁止区域における喫煙の禁止）

🌱 図書館で食べちゃだめなの？

　図書館内での飲食を禁止している図書館が多いのはなぜでしょうか。その理由は，「食べこぼしによる資料・施設の汚損や害虫の発生」「飲食の際のにおいや音がほかの利用者を不快にさせる」という2点だと思われます。

　「図書館で食べちゃだめなの？」という声に対し，飲食スペースやカフェ（軽食堂）を設けて対応している図書館が多くあります。

　最近では，熱中症予防に水分を補給することが有効とされ，ふた付きの飲み物（ペットボトル等）のみ持ち込みができるようにしている図書館もありますが，飲み物のふたがゆるんでいたために，中身がこぼれて資料を汚してしまったというケースもあります。

　飲食を禁止している図書館，飲み物はOKという図書館，それぞれの図書館に方針があり，その理由があります。なぜダメなのか，なぜできないのかを，きちんと説明できるようにしておきましょう。

　暑い日には水分補給が欠かせません。そんな日の飲み物の持ち込みには，黙認という方法で対応している図書館もあるのではないでしょうか。

ペットを連れての来館

◉盲導犬・聴導犬・介助犬以外のペット　　　　→動物の侵入 (p.150)

対処　図書館でできること

- 他の利用者の迷惑（アレルギー，噛みつき，ストレスなど）になることを説明し，お断りする。

ポイント

- ペット連れの利用者には例外なく断る。
- ペットは家族同然という価値観の人もいる。
- ペット用ゲージに入っていたとしても断る。
- 外でつないでいたとしても，大きな鳴き声や人を噛むおそれがあるので，注意する。
- 盲導犬，聴導犬，介助犬等は入館を拒まない。

予防／備え

- 目立って発生するときは，ペットとの入館を断る貼り紙をする。
- ホームページや広報，館報などで周知する。
- 図書館の規則などに明記しておく。

こんなときにはどうするの？　〜考えておきたいこと

- 注意したら「私の家族だ！」と逆切れされたとき，どうしますか？
- ペットが他の利用者や職員に噛みつき，ケガ人が出た場合の対処方法をどうしますか？

■参考文献
- 動物法務協議会『あなたのペットトラブル解決します　損害賠償手続き・予防法つき』角川学芸出版，2005
- 木島康雄『すぐに役立つ最新版ペットトラブルと動物取扱業の法律　しくみと申請手続き』

1　利用規則やマナーをめぐるトラブル

三修社，2007
- 鑓水三千男『図書館と法　図書館の諸問題への法的アプローチ』日本図書館協会，2009（JLA図書館実践シリーズ 12），p.250

■参考サイト
- 動物法務協議会　http://animallaw.web.fc2.com/

■関連法規
- 各図書館利用規則（立法例）

    第〇条　館長は，次の各号のいずれかに該当する者に対しては，入館を禁じ，又は退館を命ずることができる。

    （1）　館内の秩序を乱し，又は他人に迷惑を及ぼした者
    （2）　その他館長の指示に従わない者

    ＊上記の館長命令に従わず，任意に退館しない者に対しては，刑法第 130 条（住居等侵入罪＝不退去罪）が適用されることになります。

- 身体障害者補助犬法第 7 条（公共施設における盲導犬の受入れ）

館内でのゲーム機使用（カードゲーム含む）

●集団で声をあげる，電子音など

対　処　図書館でできること

◆禁止の場合
- いきなり注意するのではなく，あいさつなどから明るく声をかける。
- 騒いでいるとき，音が出ているとき，混雑時の長時間の座席，スペースの広範囲使用は他の利用者に迷惑がかかることを説明する。
- 丁寧に自館の姿勢・方針を説明し理解を得る。
- まわりには他の利用者がいることを念頭において対応する。
- 他の利用者が不快に思ったり，トラブルになったりすることがないように声かけをする。
  - 例「ここは，本を読んだり調べたりするところなので，ゲームはできないよ。もし，君たちが逆の立場で本を読んでいたり調べているときにここでゲームしていたらどう思うかな？」（ゲームをしている子どもたちに向かって）
- 記録（状況・内容・どのように対処したか）を作成し，職員間で共有する。

◆禁止ではない場合
- 大きな声や電子音を出してはいけないことを伝える。
- ゲームのできるスペース（談話室等）を案内する。
- ゲームに関する所持品の盗難や紛失，忘れ物に注意を呼びかける。
- 他の利用者からのクレーム「図書館でゲームをするのはおかしい！」と言われた際の回答を用意し，理解を得る。

ポイント

- 自館で扱いを決め，統一した対応方法を検討する。図書館の地域での役割も踏まえる。
- 人数が集まると声をあげたり，機械から音が出たり，場所を占有したりする。このことがトラブルの要因となる。
- 利用者が注意する前に，ゲームをしている利用者に声をかける（注意する）。

- 館内の閲覧スペースでゲームをすることがよいか，悪いか，職員間で議論をし，共通認識をもつ。

予防／備え

- 図書館としての姿勢・方針を明確にし，利用者にわかりやすいよう明示する。
- 利用カード発行時に十分な説明をする。
- 小・中学校などに出向き図書館利用ガイダンス(利用マナー含む)をする。
- おはなし会などで図書館利用の説明をする時間を設ける。
- 図書館で読書や調べ物がしたくなるように工夫する。

こんなときにはどうするの？　～考えておきたいこと

- 館内に他に誰もいないとき，「誰もいないからゲームをやっても迷惑行為にならない」と言われたらどうしますか？
- 将棋，囲碁，オセロ，スマートフォンでのゲームを館内でするのはよくて，電子ゲームはなぜだめなのかと言われたらどうしますか？

■参考文献
- 中嶋郁雄『その場面，うまい教師はこう叱る！』学陽書房，2010
- 渡辺弥生『「うるさい！」「やめなさい」と怒鳴る前に　人前での叱り方・言い聞かせ方』PHP研究所，2012

■関連法規
- 図書館法第2条(定義)
- 各図書館利用規則(立法例)

　　第〇条　館長は，次の各号のいずれかに該当する者に対しては，入館を禁じ，又は退館を命ずることができる。
　　　(1)　館内の秩序を乱し，又は他人に迷惑を及ぼした者
　　　(2)　その他館長の指示に従わない者

- 刑法第130条(住宅等侵入罪＝不退去罪)

携帯電話での通話・雑談（おしゃべり）

- ●携帯電話が禁止されている場所での通話
- ●利用者同士の雑談・おしゃべりが他の利用者の迷惑になっているとき

対処　図書館でできること

- ●会話を中止させる。
  - ・メモをつくり通話当事者へ渡す。
  - 例「○○（場所）でお話しください」
  - ・ジェスチャー。相手の目を見て「ここでの電話はできません，他でお願いします」を身振り手振りで伝える。
- ●雑談については，決められた場所（談話室など）や館外で話してもらうよう案内する。
- ●電話が終わり戻ってきた利用者に，「ご協力ありがとうございました」などのお礼の言葉を添える。

ポイント

- ●こうした行為が他の利用者の迷惑になることを念頭におく。
- ●会話を放置すると，利用者間のトラブルに連鎖することを念頭におく。
- ●図書館としての姿勢・方針（使用制限・使用場所等）を明確にする。
- ●姿勢・方針を明文化，掲示（職員・利用者双方が理解できる方法を採用）。
- ●図書館は人が集まる場所であり，飲食，談話できる場所の提供も考えなければならない。
- ●小さな声で話しかけると相手も小さな声になる。
- ●「おはようございます」「こんにちは」というあいさつから始めて，にこやかに利用説明をすると相手も落ち着いて話を聞いてくれる。
- ●カウンターでの職員同士の会話，利用者との会話も気になる人がいる。

予防／備え

- ●館内巡回を強化する。

- 児童・生徒・学生には，学校での図書館案内などの際に，図書館利用のマナーを説明する。
- 話をしてよいスペース，話をしてはいけないスペースとを区分する。
- 携帯電話ボックスを館内に設置する。
- 利用者間のトラブルを避けるため，携帯電話の通話を見かけたら，すぐに注意する。

飯能市立図書館(埼玉県)の携帯電話ボックス

こんなときにはどうするの？ 〜考えておきたいこと

- 複数で研究等の打ち合わせをしているところに，他の利用者が「うるさいから何とかしてほしい」と言ってきたらどうしますか？
- おしゃべりから利用者間のトラブルに発展した場合，どうしますか？
- 他に誰もいない閲覧席で携帯電話を使用していた場合(誰の迷惑にもなっていないとき)，どうしますか？

■参考文献
- 鑓水三千男，中沢孝之，津森康之介『図書館があぶない！ 運営編』エルアイユー，2005
- 鑓水三千男『図書館と法 図書館の諸問題への法的アプローチ』日本図書館協会，2009 (JLA図書館実践シリーズ12)，p.218

■関連法規
- 各図書館利用規則 (立法例)
    第○条 館長は，次の各号のいずれかに該当する者に対しては，入館を禁じ，又は退館を命ずることができる。
        (1) 館内の秩序を乱し，又は他人に迷惑を及ぼした者
        (2) その他館長の指示に従わない者
    ＊上記の館長命令に従わず，任意に退館しない者に対しては，刑法第130条(住居等侵入罪＝不退去罪)が適用されることになります。

けんか

- 資料利用をめぐるけんか
- ささいな理由でのけんか(新聞をめくる音がうるさい，肩が当たったなどのトラブル)
- 席取りでのけんか　➡負傷者が出た場合は「急病・ケガ・意識不明・急死」(p.104)

対処　図書館でできること

- 仲裁する。
- 当事者をそれぞれ別室に誘導し，双方の事情を聞く(複数の職員で対応)。
- 他の利用者の安全確保をしながら図書館業務を継続する。
- 記録をとる(備品に被害が出た場合や双方の言い分を記録しておく)。
- 図書館利用のルールを理解してもらう。
- 双方納得して収まった場合でも，時間差で別々の場所から退館させることを考える。

ポイント

- 複数の職員で対応し，事実を確認する。
- 毅然とした対応をする。
- 他の利用者の安全に配慮し，現場から遠ざける。
- 当事者が求めた場合や，職員の仲裁に応じず事態がエスカレートした場合，緊急性が高いと判断されたときは警察(110番)に通報する。
- 対応の際，凶器による被害拡大へのおそれを念頭におく。
- どちらが悪いか決めつけない。
- 当事者の氏名，住所等の個人情報を双方に教えない。
- けんかの原因が施設や資料に起因するものであれば，今後も発生するおそれがあるので，該当箇所を改善する。
- 土曜，日曜，夜間に対応した緊急連絡網の作成。

予防／備え

- 相手を見ながら，笑顔で声かけ，あいさつを励行する。

- おしゃべり，ヘッドフォンの音漏れ，タイピングの音など利用環境に気を配る。
- 利用者の荷物の置き方など，利用マナーにも留意する。
- さすまたの用意。
- 館内巡回を強化する。

こんなときにはどうするの？　～考えておきたいこと

- 隣に座っている男性のヘッドフォンから大音量の音楽が聞こえるので，何とかしてもらいたいと言われたとき，どう対応しますか？

■参考文献
- 山本宣親「図書館における暴力とその対応」『現代の図書館』40(2)，2002，p.79-84
- 鑓水三千男，中沢孝之，津森康之介『図書館があぶない！　運営編』エルアイユー，2005
- 千錫烈「図書館における問題利用者　コミュニケーション・スキルを用いた『怒り』への対処法」『情報の科学と技術』60(10)，2010.10，p.420-427

■関連法規
- 刑法第204条(傷害罪)，第208条(暴行罪)
   ＊利用者同士が口論をした程度であれば刑法上の問題にはなりませんが，一方が他方の胸倉をつかんだり，押し倒したりすれば暴行罪が成立し，相手がケガを負えば傷害罪が成立します。また，双方がなぐり合った場合でも喧嘩両成敗として双方無罪になるわけではありません。
   なお，一方が他方の暴行を阻止するために行った行為であれば，正当防衛が成立する可能性もあります。

図書館で問題になる音・おと・音。

　新聞閲覧コーナーで利用者がけんか。原因をたずねると，隣の高齢の男性の"新聞をめくる音がうるさい"というもの。それを直接注意したら相手も逆上し取っ組み合いのけんかになったと言います。このように近年，図書館内での"ささいな音"がきっかけになって，トラブルが起こるケースが増えています。

　では，"ささいな音"とはどんなものか，電卓やキーボードをたたく音や，筆記具で書く音，前述のような，新聞をめくる音などもクレームとして目立ってきています。

　図書館外では近隣の騒音等で，大きな事件に発展したケースもあります。

　人の声以外の音へのクレームが目立ってきた原因はわかりませんが，確実に増加しており注意が必要です。特に利用者間で「うるさい！」「静かにし

ろ！」といった，注意のための怒鳴り声からトラブルになる最悪のケースは避けたいものですが，隣席間で起きていることに常時私たちが耳をそばだてることはかなり難しいことです。音に関して気にする人が増えているという前提に立って，事前に対策を講じなければならないでしょう。

図書館にあるもので役立つもの
～危機管理備品としての代用～

防犯用品は，予算がないから揃えるのは無理，危機管理は予算がかかる。そんなことを考えている方はいませんか？　図書館を見まわすと，アイディア次第でそれに近い働きをしてくれるものがあります。

● 「さすまた」の代用

いざというとき，ブックトラックで相手を壁の方向に追いやり，威嚇することができます。ただし，使用方法によっては「さすまた」と一緒で相手に取られてしまいますので注意しましょう。

● 「メガホン」の代用

緊急時の誘導で効果的に案内する方法として，新聞や平綴じの雑誌を丸めてメガホンとして使用することが可能です。

● 「スリッパ」の代用

災害時，館内やトイレの衛生を一定に保つため土足禁止にする必要があります。その際，スリッパがないときには，新聞を使って簡単なスリッパを作ることができます(写真)。

- 備える．JP　備え・防災は，日本ライフスタイル
  http://sonaeru.jp/provision/report/p-20/
- 高知県「新聞紙でスリッパを作ってみよう」
  http://www.pref.kochi.lg.jp/~shoubou/hyakka/slippers/slippers.html

※出典：日本消防設備安全センター「震災時のトイレ対策－あり方とマニュアル」

撮影：加藤孔敬

異臭・悪臭の強い利用者

- ●ホームレス風の人
- ●体臭が強い人

対処　図書館でできること

- 複数の職員で対応する。
- 迷惑行為があったら退館してもらう。
- 不衛生と思われる状態や衣服が著しく汚れ，強烈な悪臭が出ている場合には，複数で対応し，その健康状態を気遣い，福祉担当者の紹介や支援情報を提供する。
   ＊別室で事情をきくなどし，状況によっては一時帰宅や退館を促すことも検討する。
- 他の利用者からの排除要求は拒否する。

ポイント

- 図書館の運営方針を明確にし，職員と利用者で共有する。
- 差別的見方や扱いはしない。
   ＊「ホームレス風」という理由で入館や利用を拒んではならない。
- 原則，においのみでは退館の正当な理由にならない。
- 他の利用者の利用の妨げとなるような行為が行われた場合には，退館命令を出す。
- 声をかける場合は，人権侵害にならないように配慮する。
- においの強い香水や洗剤も問題になっている。

予防／備え

- 目的外利用および迷惑行為をした場合への対応や姿勢を明示する。
- 日常的に声かけ，あいさつを励行する。
- におい対策をする(消臭・芳香剤，空気清浄機，換気，エアカーテンなどの使用)。
- 行政が行っている施策や支援情報(宿泊施設，生活保護等)を提供すること

も有効な対策の一つなので，関係機関との連携を行う。

こんなときにはどうするの？　～考えておきたいこと

- 利用者から体臭への苦情があった場合，どうしますか？

■参考文献
- 西河内靖泰「カウンターからみた『図書館とホームレス』問題」『みんなの図書館』1999 年 8 月号，p.31-43
- 松井茂記『図書館と表現の自由』岩波書店，2013

■参考サイト
　ホームレスの関係での参考サイト
- 反貧困ネットワーク　http://antipoverty-network.org/

■関連法規
- 地方自治法第 244 条第 2 項，第 3 項
- 図書館法第 2 条（図書館の定義）
- 各図書館利用規則（立法例）
  　第○条　館長は，次の各号のいずれかに該当する者に対しては，入館を禁じ，又は退館を命ずることができる。
  　　(1)　館内の秩序を乱し，又は他人に迷惑を及ぼした者
  　　(2)　その他館長の指示に従わない者
- 刑法第 130 条（住居等侵入罪）
  　＊来館者が図書館の利用以外の目的で入館した場合（たとえば，トイレで洗濯をする，冷気や暖気を求めて休憩コーナーで寝ている，飲酒し周囲に迷惑をかける等）には，退館を求めることができます。
- 図書館の自由に関する宣言
- 図書館員の倫理綱領

🌱 公の施設とホームレス

　夏の暑さや，冬の寒さをしのぎ，新聞や雑誌を読むために，図書館ではホームレスやホームレス風の人が来館します。たいてい同じ席に座り，じっと動かず一日を図書館で過ごす人が多いようです。他の利用者から「臭いのでなんとかしてほしい」「臭いから，気持ちが悪いから来館させないでほしい」という強いクレームが寄せられますが，人権上の配慮や館内利用から逸脱した行為を行わない限りは，退館させることはほとんどなく，多くの館では消臭剤や空気清浄機の設置，窓開けによる換気といった対処にとどまり，「(ホームレス風の人の来館は)悩ましい問題」との声が寄せられます。ただ，他の利用者の強い排除要求とは別に，館内に悪臭が充満してしまい，業務や利用の妨げになるようなら図書館として判断し，退館してもらうことも選択肢の一つではないでしょうか。その際には他の利用者にわからないよう，別室や人のいないスペースで話をし，行政の支援情報の提供や福祉担当者に同席してもらい説明をするといった配慮も必要です。これは，あくまでも不衛生な状態により生じた悪臭の場合であり，その人が生まれつき持つ体臭とは異なるので注意してください。
　見ることのできない「におい」を迷惑行為として捉えるのは，難しいものがありますが，さまざまな工夫や職員の連携で解決を図っていくしか手だてはありません。
　この問題に関しては，今後も議論が必要です。

🌱 「靴をはいていただけませんか？」

　私が悪臭だと感じるにおいのひとつに足のむれたにおいがあります。しかし，足のにおいは靴をはいてさえいれば，充満することはありません。
　あるとき，図書館のソファーで靴をぬいで読書にふける足の臭い男性がいました。すると，においのせいか，彼の近くに座っていた女性が席を離れていきました。「これは注意せねば！」と思い，近寄ったところ，彼は靴をはいて立ち上がったのです。
　結局，注意せずに済んだのですが，こんなとき，なんと声をかけたらよいでしょうか？
　「靴をはいていただけませんか？」

飲酒・泥酔者

対処　図書館でできること

- 見て見ぬふりをせず，必ず声をかける。
  - 例「こんにちは，今日はどうしました？」
- 相手の状態を見て，複数の職員で退去を求める。
- 求めに応じないときは館長等に連絡し，状況を報告するとともに指示を仰ぐ。
- 状況によっては(泥酔し利用困難と判断された場合)，警察(110番)や消防(119番)に通報する。

ポイント

- 必ず複数の職員で対応する。
- 家族に連絡する。
- 酔って暴れる，注意を聞かない，他の利用者に危害を加えるおそれがあると判断される場合は警察(110番)に通報する。
- 泥酔状態で意識がない，呼びかけに反応しない場合は消防(119番)に通報する。

予防／備え

- 図書館としての姿勢・方針(利用規則)を明示する。
  - 例「泥酔している方の利用を禁止します」
- 警備会社の監視や警察の巡回依頼なども考える。

こんなときにはどうするの？　〜考えておきたいこと

- 複数で酒盛りをしていたらどうしますか？
- 「酒を飲んでいない」と言い切られたらどうしますか？
- 夜間開館時に酒に酔った利用者が本を借りに来たらどうしますか？

- 泥酔者が暴れ出したときどうしますか？
- 外が極寒・酷暑のとき，泥酔した利用者が来館したらどうしますか？

■参考文献
- 山本宣親「図書館における暴力とその対応」『現代の図書館』40(2)，2002，p.79-84
- 鑓水三千男，中沢孝之，津森康之介『図書館があぶない！ 運営編』エルアイユー，2005，p.46，49
- 鑓水三千男『図書館と法 図書館の諸問題への法的アプローチ』日本図書館協会，2009（JLA図書館実践シリーズ12），p.224

■関連法規
- 各図書館利用規則（立法例）

    第〇条 館長は，次の各号のいずれかに該当する者に対しては，入館を禁じ，又は退館を命ずることができる。
    (1) 館内の秩序を乱し，又は他人に迷惑を及ぼした者
    (2) その他館長の指示に従わない者
    ＊上記の館長命令に従わず，任意に退館しない者に対しては，刑法第130条（住居等侵入罪＝不退去罪）が適用されることになります。
    また，図書館に利用目的外の目的で図書館の建物及び敷地に立ち入った場合には，やはりこの条文が適用されます。
- 警察官職務執行法第3条第1項第1号（泥酔者等に対する警察官による保護）

🌱 退去の方法

　退去といっても，図書館で「あなたは，酒臭いから退館しなさい！」と強く言うことは控えたいものです。酔っ払いの個性もさまざま，職員や利用者に絡む人は論外ですが，酒臭くてもきちんと利用して，問題のない人もいます。その場の空気をしっかり読んで，退去をさせる場合の状態を見極めることが肝心です。

　しかし，前述のように，強権的なやり方は反発や怨みを買います。酔っ払いなどは，話を聞き，相手を気遣いつつ帰宅させるやり方がよいでしょう。ただ，酔っ払い一人に職員が複数で対処しなければならないため，忙しいときの対応の方法を考える必要があります。

たむろする利用者 （目的外利用）

対処　図書館でできること

- 複数の職員で対応する。
- 他の利用者の迷惑になることを説明し，談話室・館外等で話してもらうよう案内する。
- 注意してもやめない場合，複数で対応し，別室で説得する。
- それでもやめない場合，図書館から退館してもらう。

ポイント

- 他の利用者の迷惑になる行為だということを念頭におく。
- いきなり注意するのではなく，明るく話しかける。
- 図書館としての姿勢・方針(使用制限・使用場所等)を明確にする。
- 掲示物を作成する。
    - 例「図書館をみんなが気持ちよく利用できるように，ご協力をお願いします」

予防／備え

- たむろしにくい雰囲気や環境づくりを心がける。
    - 例 声かけ，あいさつをする。たむろしやすい場所のレイアウトを変える(カウンターから見えるように，職員が常駐する等)。
    - 例 中高生のためのスペース／コーナーを設ける。
- 職員が館内を定期的に巡回する。
- 学校へ出向き，図書館の利用法や注意事項を児童・生徒に説明する。

こんなときにはどうするの？　～考えておきたいこと

- たむろしている人たちに注意したら，逆にすごまれてしまいました。どうしますか？

●利用者同士のトラブルになった場合，どうしますか？

■**参考文献**
- 鑓水三千男，中沢孝之，津森康之介『図書館があぶない！　運営編』エルアイユー，2005，p.33

■**関連法規**
- 各図書館利用規則 (立法例)

    第〇条　館長は，次の各号のいずれかに該当する者に対しては，入館を禁じ，又は退館を命ずることができる。

    (1)　館内の秩序を乱し，又は他人に迷惑を及ぼした者

    (2)　その他館長の指示に従わない者

    ＊上記の館長命令に従わず，任意に退館しない者に対しては，刑法第130条（住居等侵入罪＝不退去罪）が適用されることになります。
    また，図書館に利用目的外の目的で図書館の建物および敷地に立ち入った場合には，やはりこの条文が適用されます。

🌱 利用者間のトラブルは絶対絶対避けること！

　図書館でマナー違反を見つけたときはどうしていますか？　きちんと注意していますか？　図書館でのマナー違反を見つけたら，他の利用者が不快に思う前に，図書館職員が必ず注意してください。

　たとえば携帯電話での通話や強いにおいなどは，他の利用者を不快にさせます。図書館の利用者が，ほかの利用者のマナー違反を注意したことが原因で，重大なトラブルに発展したことがあります。

　利用者同士のトラブルを避けるためにも，図書館で他の人が不快に思う行為を見つけたら，図書館職員が注意するようにしましょう。

座席トラブル

◉長時間の占有 　　　　　　　　　→利用者の持ち物の盗難・置き引き (p.120)

対処　図書館でできること

- 座席利用のルールに基づき，席を空けてもらう。
  - 例「次の方が利用しますので，席を替わっていただいてよろしいでしょうか」
  - 例「(席の)利用時間が過ぎました。また，改めて席をとりなおしてください」
- 別の席を案内する。
  - 例「この席は新聞や雑誌を見ていただく方の席なので，別の席をご案内いたします」
- 貼り紙などで長時間占有はできないことを明示する。

ポイント

- 座席利用の一定のルールを作成し周知する。
- 他に利用希望者がいる場合の対応を決めておく。
- 繁忙期，閑散期それぞれの座席利用の時間を柔軟に決める。

予防／備え

- 利用目的別の座席を用意する。
  - 例 参考図書利用専用座席，地図閲覧専用座席など。
- 館報，ポスター等で長時間の利用や占有はできないことを伝える。
- 利用申込時に時間や利用の説明をし，了解した旨のサインをもらう。
- 占有ができない机の配置や工夫をする。
  - 例 カウンターから見える場所に置く，職員の頻繁な声かけなど。

こんなときにはどうするの？　～考えておきたいこと

- 夏休みで利用座席が慢性的に足りなくなったらどうしますか？

利用規則やマナーをめぐるトラブル

■参考文献
- 鑓水三千男，中沢孝之，津森康之介『図書館があぶない！　運営編』エルアイユー，2005，p.35
- 鑓水三千男『図書館と法　図書館の諸問題への法的アプローチ』日本図書館協会，2009（JLA図書館実践シリーズ12），p.219

■関連法規
- 各図書館利用規則（立法例）

　　第〇条　館長は，次の各号のいずれかに該当する者に対しては，入館を禁じ，又は退館を命ずることができる。
　　　（1）　館内の秩序を乱し，又は他人に迷惑を及ぼした者
　　　（2）　その他館長の指示に従わない者
　　＊上記の館長命令に従わず，任意に退館しない者に対しては，刑法第130条（住居等侵入罪＝不退去罪）が適用されることになります。

法律ミニ知識

《法律から見た座席占拠》

　座席の長時間占拠について，他の利用者に譲るよう説得してもなお聞き入れない者に対して，館長の指示に従わないからといって退席を求め，任意に退席しない場合に不退去罪として警察官を呼ぶことができるかということになれば，困難であると思われます。形式的に刑法第130条が適用される場面でも，その前提となる退館命令の妥当性が問われます。図書館の目的に従った利用を長時間にわたって続けているからといって当然に席を譲れということができるかどうか，また利用の途中であるにもかかわらず，他人が利用できないから出て行けと言えるかどうかは，議論の余地があるからです。したがって，座席占有のルールを明確にし，これを図書館内に掲示するなどして周知を徹底する必要があると思います。

　退館命令を出すのではなく，他の利用者との調整（譲り合い）が求められる場面として，説得するほかないのではないでしょうか。

居眠り状態を続ける（いびきなど）

●横になっている利用者　　　→急病・ケガ・意識不明・急死 (p.104)

対　処　　図書館でできること

- 時間をおいて，当人の様子を確認する。
- 居眠り状態が続いていれば，声をかける。複数の職員で対応する。
  - 例「大丈夫ですか？　具合が悪いのですか？」
- 起きたら，病気などの異常がないか確認する。
- 異常が感じられたら，消防（119番）に通報する。
- 声をかけて異常がなく，居眠り状態がさらに続いているときには，利用者の体調にも配慮しつつ声をかける。
  - 例「体調がすぐれないようにお見うけします。救急車を呼びましょうか（病院に行かれますか）」
  - 例「お疲れのようですね。風邪をひくといけませんので，ご自宅で休まれたらいかがですか」

ポイント

- 「居眠り状態」がうたた寝なのか，病気によるものなのかを確認する。その状態により対応が異なる。
- 「居眠り」への注意より，「大丈夫ですか？」と相手のことを気遣うことを第一に考える。
- 利用者から「居眠りしている人がいるのに，図書館は注意しない」とクレームがあることも念頭におく。
- 救急救命法の講習を受ける。

予防／備え

- 居眠りをしている人には必ず声をかける。

こんなときにはどうするの？　　～考えておきたいこと

- 居眠りしている人からお酒のにおいがしたら，どうしますか？

- 眠っていると思った人が，亡くなっていました。どうしますか？
- 眠っている人に声をかけたら，突然苦しみ出しました。どうしますか？
- 男性職員のみのとき，若い女性が居眠りをしていたらどうしますか？

■参考文献
- 沖重薫『突然死の話　あなたの心臓に潜む危機』中央公論新社，2010
- 日本救急医療財団心肺蘇生法委員会監修『救急蘇生法の指針2010（市民用）』へるす出版，2010
- 日本救急医療財団心肺蘇生法委員会監修『救急蘇生法の指針2010（市民用・解説編）』へるす出版，2010

■関連法規
- 各図書館利用規則（立法例）

　　第〇条　館長は，次の各号のいずれかに該当する者に対しては，入館を禁じ，又は退館を命ずることができる。
　　（1）　館内の秩序を乱し，又は他人に迷惑を及ぼした者
　　（2）　その他館長の指示に従わない者
　　＊上記の館長命令に従わず，任意に退館しない者に対しては，刑法第130条（住居等侵入罪＝不退去罪）が適用されることになります。

法律ミニ知識

《館長の退館命令》

　館長の退館命令に係る図書館利用規則は，かなり使い勝手のよい規定です。その分，恣意的にならないように抑制的に適用し運用する必要があります。

　図書館は，公の施設として多くの方々が円満に利用できるよう利用者同士がお互いに配慮し合うことが予定されているものですから，第三者から見て適正に利用されていない状況が認められる場合（居眠り，おしゃべり，図書館資料を使用しない閲覧室の利用など）には，他の利用者に席を譲るなどの配慮を求めるべきです。

　当該利用者に対してその趣旨を説明し説得してもなお聞き入れない場合に，初めて退館命令を発し，なお任意に退館せず，図書館職員に食ってかかるなど頑なで非妥協的な姿勢を示し，他の利用者の利用に支障が生じた場合に刑法第130条の適用を行うことが適当です。

　この場合は，閲覧室の長時間占有と異なる対応になりますが，それは利用のあり方の相違によるものです。

子どもが騒ぐ・泣く

◉利用者とのトラブルを避けるために
◉幼児のトラブル

対処　図書館でできること

◆子どもが騒いでいるとき
- やさしい口調で注意する。
  - 例「走ると危ないよ，けがするよ」
- 小さい子どもの場合は，館内が危険であること，他の利用者に迷惑をかけていることを保護者に伝える。
- 絵本を読んだり，お絵かき，折り紙などで興味をひかせることも考える。
- 小さな声で話しかける。
  - 例「こしょこしょ声で話してね」

◆ひとりで泣いているとき
- 子どもの目線で話をよく聞き，状況を確認する。
- 話を共感的に聞くことで，子どもを落ち着かせる。
- なかなかおさまらないようなら，事務室へ連れて行き話を聞く。
- 保護者を探す。

◆乳幼児が泣いているとき
- 保護者を授乳室，事務室等別室に案内し，子どもを落ち着かせてもらう。
  - 例「事務室に休憩室があり横になれます。少し休まれませんか」

ポイント

- 「子どもを守る」ことを念頭に声かけをする。
- 年齢に応じた声かけ，注意をする。子どもの目線に立つことが重要。
- やさしい口調で注意するときは，周囲に聞こえるよう大きめな声で行う（保護者や他の利用者に子どもにかかわっていることを示すため）。
- 騒いでいる子がいたら，すぐにその子の元へ行って状況を確認，注意をする。

- 保護者にも協力を求める。
  - 例「お子さんと一緒に本を選んでください」「図書館は○○ちゃんの目線だと迷路のようで危険ですので，一緒に本を選んでください」
- 「子どもの声が気になるという人がいて，それがトラブルの原因になる」ことを保護者に説明する。
- 注意が遅れることで，他の利用者がイライラしてトラブルになることを防ぐ。
- 時には子どもを褒める。
  - 例「小さい声でお話ししてくれてありがとう」「静かにできて偉いね」「図書館では静かにするっていう約束を守ってくれて，ありがとう」

予防／備え

- 騒いだときにケガをしたり，事故にあわないような環境づくりをする。
  - 例 とがったものを置かない，など。
- ブックスタートや乳幼児相談等の際に，保護者に図書館の使い方を説明する。
- 幼稚園，保育園を訪問し図書館利用について話す。

こんなときにはどうするの？ 〜考えておきたいこと

- 子どもが，絵本や物を投げたらどうしますか？
- 子どもに注意しても親が無関心だったらどうしますか？
- 子どもがほかの子どもを傷つけてしまったらどうしますか？
- 注意したことに対して保護者からクレームがあったらどうしますか？

■参考文献
- 鑓水三千男，中沢孝之，津森康之介『図書館があぶない！ 運営編』エルアイユー，2005，p.37

■関連法規
- 民法第714条（責任無能力者の監督義務者等の責任），第818条（親権者），第820条（監護及び教育の権利義務）

🌱 子どもの来館や声は"迷惑"?

　ワンフロアの小さい図書館。毎月 2 回の「おはなし会」に職員は神経をとがらせます。以前，お話の声や，子どもが集まってワイワイやっていたときに中高年の利用者から「うるさいっ！」と怒鳴られたためです。その場は凍りつき，子どもたちも口々に「怖い」と笑顔が消えてしまいました。

　今では，事前に館内に「おはなし会」の日時を掲示し，当日も朝から「おはなし会が 11 時から 30 分ほどあります。館内に子どもたちの元気な声が響きます。みなさんのご理解，ご協力をお願いします」と書かれた小さなチラシを来館者一人一人に配り，顔を見ながら，「おはなし会があって，少し騒がしくなります，ご協力をお願いします。よかったら聞きにきてください」と頭を下げて回ります。

　でも，決して「おはなし会があります。騒がしくしてご迷惑をおかけします」とは言いませんし，掲示でもそう書かないそうです。いろんな世代が仲よく，ワンフロアの同じ空間で過ごすことも大切だと思い，それを伝えたいからだと言います。町の中で子どもから高齢者まで集まる施設は図書館だけです。

　事前に一人一人に協力をお願いしておけば，みなさん理解して協力的です。参加する人もいます。

　子どもたちが「迷惑」という考えは，これから長く図書館を使ってくれる子どもたちにも来館する大人たちにもマイナスになり，誰のための図書館かもわからなくなると，その図書館では考えています。

迷子・子どもの放任

➡子どもの置き去り (p.66)
➡子どもが騒ぐ・泣く (p.61)

対処　図書館でできること

◆**迷子のとき**
- 子どもを連れて声かけをしながら，周辺に保護者がいないか探す。
- 子どもを事務室で保護する。
- 館内放送等で迷子について知らせる。
- 保護者が見つからない場合，子どもから家の連絡先・保護者の携帯電話番号，住所・学校，家族の名前などを聞き，連絡を試みる。
- 保護者がわからない場合，警察(110番)に連絡する。

◆**子どもが放任されているとき**
- 保護者に対して子どもと一緒にいてもらうように声をかける。
  - 例「最近，子どもの連れ去りや事故がひんぱんに発生していますので注意してください」
- 子どもだけで走り回ったり叫んでいたりしたら，少し大きめな声で呼びかける(口調はやさしく穏やかに)。
  - 例「走るとあぶないよ，ケガしちゃうよ」
  - 例 保護者がわからないとき，「今日は誰と図書館に来たの？　一緒に探しに行こう」

ポイント

- 日ごろから子ども，保護者には声をかけるようにする。
- 複数の事態を想定した館内放送の文案を作っておくと迅速に放送しやすい。
- 子どもは大人の想像もしないような行動をとることがあり，それが事故につながる場合があることをよく理解しておく。
- 最近は保護者も子どもも注意されることに慣れていないので，状況をみて臨機応変に対応する。
- 禁止，命令口調にならないように気をつける。
- 経緯，日時，名前(子どもと保護者)，解決した時間などの記録をとる。

- 子どもの目線で話し，安心させる。
- 子どもの連れ去りや性犯罪が，図書館でも発生していることを踏まえ対応する。

予防／備え

- 子どもを放任するのは危険であることを保護者に理解してもらう（子どもから目を離さないようにしてもらう）。
- 館報，ポスター等で"子どもを放任"しないよう呼びかける。
- 「子どもを放任すること」について，おはなし会やPTAの会合などで注意を呼びかける。
- 地域の犯罪マップ，子どもが巻き込まれた事件の新聞切り抜きなどを見せ，保護者に注意を促す。
- 託児所を設置する。

こんなときにはどうするの？ 〜考えておきたいこと

- 「館内を走り回る子どもを注意した利用者」と保護者の間でトラブルになっていた場合，どう対応しますか？

■参考文献
- 「最近見かけるこんな親　その行動と心理」『児童心理』52(16)，1998.11，p.18-26
- 「子どもの『SOS』大百科」『日経キッズプラス』2009.7
- 加藤尚子「親に放任されている子」『児童心理』65(7)，2011.5，p.82-87

■関連法規
- 民法第714条(責任無能力者の監督義務者等の責任)，第818条(親権者)，第820条(監護及び教育の権利義務)

子どもの置き去り

➡迷子・子どもの放任 (p.64)
➡子どもが助けを求めてきたとき (p.70)

対処　図書館でできること

- 子どもと会話ができるようであれば，名前・年齢・電話番号・住所，学校などを聞く。
- 必要に応じて，家庭，学校に連絡する。
- 迷子の可能性もあるので，保護者の館内呼び出しや，子どもを連れて声かけをしながら館内を見て回る。
- 事務室など，職員の目の届くところで保護する。
- 閉館時まで保護者の迎え・連絡を待つ。
- 状況により，警察（110番）に連絡する。
  *子どもから「置き去りにされた」旨の申し出があれば，児童相談所・警察に通報する。

ポイント

- 子どもの安全が最優先。
- 子どもの状態（身体，服装など）を確認する。虐待のおそれもあるため。
  ➡「虐待の早期発見のヒント」(p.71)
- 児童虐待を発見した場合は児童相談所に通報する義務がある。
- 発生日時，氏名などの記録をとっておく。
- 親，家族間に大きな問題がある可能性があるので（児童虐待，DVなど），そのまま引き渡すかどうか注意も必要。*プライバシーにも配慮。

予防／備え

- 自治体内の児童相談所，男女共同参画センターなどの機関との連携を構築しておく。
- 児童虐待防止に関する研修，学習会等の実施。

こんなときにはどうするの？ ～考えておきたいこと

- 親が図書館に子どもを置き去りにして，一時退館し用事を済ませるなどして図書館に戻ってきた場合，親にどのように声をかけますか？
- 子どもが大声で泣き，叫んでいたときにはどうしますか？
- トイレ内に赤ちゃんが置き去りにされていたらどうしますか？

  ＊上記の問題に職員の数が少ないときや，夜間，悪天候の日などのときにどう対応するかも考えてみてください。

■関連法規

- 児童虐待の防止等に関する法律第2条（定義），第4条（国及び地方公共団体の責務等）

🌱 児童相談所に通報すること

これは勇気がいります。不確実な要素もあり，ためらう気持ちもあると思いますが，子どもからSOSが出ていたり，明らかに様子がおかしい場合は躊躇なく通報しましょう。それは，誰かを告発するとか，密告するとか，そういうものではいっさいなく，「子どもを守るため」に必要なことであり，そのために私たちは，日ごろから子どもたちに声をかけ，様子を見，図書館に来館しやすい環境を整えておかなければならないのです。

2章 利用者からの申し立て

利用者からのSOSにこたえるため、理解しておきたい事例です。
虐待を受けている子どもが来館したら、
利用者からストーカーの相談を受けたら、どうしますか?
利用者を守ることができますか?

子どもが助けを求めてきたとき

- ◉子どもの家出
- ◉児童虐待
- ◉急病

➡痴漢行為を発見, 通報を受けた(p.122)

対　処　図書館でできること

- 安全な場所で保護する(体調不良の場合は安静にさせるなど応急処置)。
- 状況を確認する(子どもからの聞き取り)。
- 子どもの様子やその内容で, 関連機関に連絡, 相談する。
- ケガ, 病気が認められた場合, 消防(119番)に通報する。
- 状況により警察(110番)に通報する。
  警察官の到着を待って警察に児童の保護, 状況の調査を依頼する。

◆家出
- 事務室などで保護し, 子どもの話を聞く。
- 状況に応じて通報する機関を判断する。
- 子どもに虐待の疑いがあるときは慎重に対応し, 児童相談所に通報する。
- 職員間で情報共有を図る。

◆虐待(身体的虐待・性的虐待・ネグレクト・心理的虐待)
- 児童相談所に通報する。
- 状況により消防(119番)に通報する。

◆急病
- 体調を聞く(事務室等で一時保護し, 話を聞く)。
- 保護者に連絡する。
- 状況によっては消防(119番)に通報する。

ポイント

- 子どもからのサインを見逃さない。
- 子どもが話しやすい環境づくりや，やさしい対応，相手が答えやすい聞き方を心がける。
- 子どもの目線で話をする。
- 職員が必ず付き添い，子どもをひとりにしない。
- 状況確認(健康状態・身体状態の確認)。
- 子どもの安全が第一。親への連絡，引き渡しは慎重に行う。
- 自治体の関係部署に連絡・相談する。
  *すべての人に児童相談所に通報する義務がある(児童虐待の防止等に関する法律第6条)。
- 状況により消防(119番)に通報する。
- 虐待の通報は「告発」が目的ではない，「親子を救うため」である。
- 図書館が子どもにとって「逃げ場になることがある」ことを認識する。
- 虐待などの場合，保護者への連絡は子どもにとって逆効果になることがあるので，児童相談所など関連機関や警察に相談することを考える。

【虐待の早期発見のヒント】
- 傷跡や内出血のあざや火傷の跡がある。
- 季節に合わない服装をしている。
- 体が年齢の割に極端に小さいなど，発育や発達の遅れがみられる。
- 感情が不安定。
- 人懐っこく，べたべたするが，妙に冷めている。

予防／備え

- 児童相談所などの相談所の連絡先の把握。担当者間の意見交換，連携体制の確立。
- 「子ども110番の家」マークを掲げる。
- 子どもが話しやすい環境づくりや，やさしい対応を普段から心がける。
- 研修の実施。

こんなときにはどうするの？　〜考えておきたいこと

- 家族以外の人が来館して子どもを連れて行こうとしたらどうしますか？
- 学校や家族から図書館に来ている子どもの呼び出しがあったらどうしますか？
- 虐待の疑いのある子どもの親から，「子どもが図書館に行っていないか」という問い合わせがきたらどうしますか？

■参考文献
- 鑓水三千男『図書館と法　図書館の諸問題への法的アプローチ』日本図書館協会，2009（JLA図書館実践シリーズ12），p.259

■参考サイト
- 京都府教育庁指導部学校教育課「児童虐待の早期発見のために」
  ＊「児童虐待の早期発見のためのチェックリスト（教育関係者用）」があります。
  http://www.kyoto-be.ne.jp/gakkyou/gyakutai/gyakutai.htm
- 厚生労働省「子ども虐待対応の手引き」
  http://www.mhlw.go.jp/bunya/kodomo/dv12/00.html

■関連法規
- 児童虐待の防止等に関する法律第2条（定義），第4条（国及び地方公共団体の責務等）

🌱 子どもが吐いた

　子どもが吐いたら以下のような対処が必要です。しかし，この表には肝心なことが記載されていません。みなさんが考え，参考サイトや参考文献も見て，同じような表を作成してください。

　子どもが急に吐くということは決して特別なことではありません。特に冬期はノロウイルスの流行もあり，調子の悪くなる子どもが増加します。閲覧スペースで急なおう吐があることも踏まえて，対処と必要な用具を揃えることが大切です。

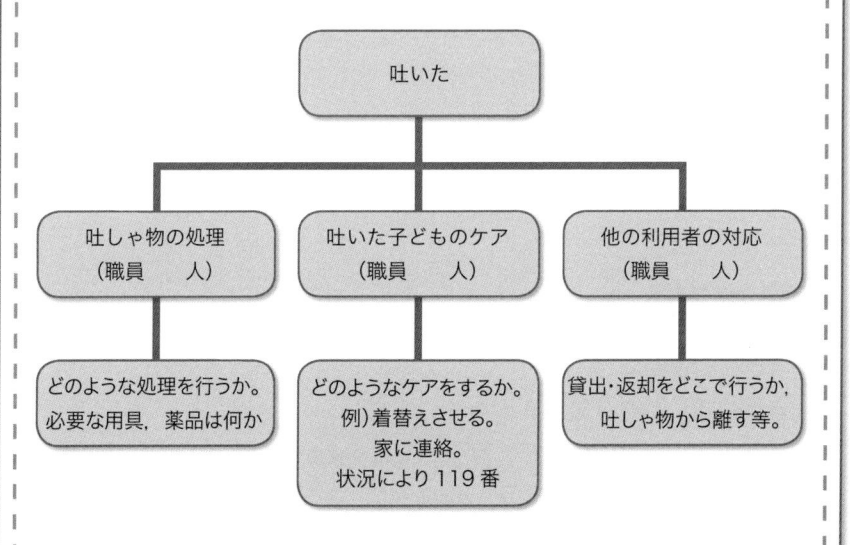

```
                    ┌─────────┐
                    │  吐いた  │
                    └────┬────┘
         ┌───────────────┼───────────────┐
┌────────┴────────┐ ┌────┴────────┐ ┌───┴──────────┐
│ 吐しゃ物の処理  │ │吐いた子どものケア│ │ 他の利用者の対応│
│ （職員　　人）  │ │（職員　　人） │ │（職員　　人） │
└────────┬────────┘ └────┬────────┘ └───┬──────────┘
どのような処理を行うか。 どのようなケアをするか。 貸出・返却をどこで行うか，
必要な用具，薬品は何か  例）着替えさせる。     吐しゃ物から離す等。
                       家に連絡。
                       状況により119番
```

参考サイト
- 厚生労働省ホームページ（食中毒のページ）
  http://www.mhlw.go.jp/stf/seisakunitsuite/bunya/kenkou_iryou/shokuhin/syokuchu/index.html
- 東京都福祉保健局ホームページ　http://www.fukushihoken.metro.tokyo.jp/index.html

＊各県の保健所や自治体ホームページにも感染症やノロウイルスへの対処法の情報があります。

DV（ドメスティックバイオレンス）

●被害を受けている人が救援を求めてきた

対処　図書館でできること

- 被害者の安全を最優先し，保護する(同性が対応)。
- 加害者に対して毅然とした対応をする(複数で対応)。
- 被害者と加害者を一緒にしない。
- 相談所(役所の相談窓口，配偶者暴力相談支援センター等の機関)を紹介する。場合によっては(本人が)警察(110番)に通報する。
- 図書館から出るときも，途中で加害者が待ち伏せている可能性があるので，警察に届け，警官に付き添ってもらうようにする。
- 事故(事件)報告書を作成する。

ポイント

- 被害者の安全が第一。
- 被害者が話しやすい環境づくり。
- 被害者が被害者だと自覚していないことも多い。
- 警察署のDV担当部署に相談，通報する。
- 役所の担当部署や相談窓口を確認し連携する。

予防／備え

- 相談所の連絡先などを配布。
- DVについての研修会の実施。

こんなときにはどうするの？ ～考えておきたいこと

- 加害者が猛省した態度をとっていたらどうしますか？
- 被害者が加害者と家に帰ると言い出したらどうしますか？
- 利用カード発行時に，「DV シェルターに入ったので住所を教えられない」と言われたらどうしますか？

■参考文献
- 尾崎礼子『DV 被害者支援ハンドブック　サバイバーとともに』朱鷺書房，2005
- 石井朝子編『よくわかる DV 被害者への理解と支援　対応の基本から法制度まで現場で役立つガイドライン』明石書店，2009

■参考サイト
- 内閣府男女共同参画局「配偶者からの暴力被害者支援情報」
  http://www.gender.go.jp/e-vaw/
- 「DV 相談ナビ」　0570-0-55210（24 時間利用可能）
- 内閣府男女共同参画室「DV 相談ナビ」
  http://www.gender.go.jp/policy/no_violence/dv_navi/index.html

■関連法規
- 配偶者からの暴力の防止及び被害者の保護に関する法律第 6 条（配偶者からの暴力の発見者による通報等）

男女共同参画センター

　男女の人権尊重，均等・対等な男女共同参画社会の実現，市民活動の総合的拠点として男女共同参画センターがあります。全国各地の都道府県や市町村に約390施設が設置され，活発な活動を展開しています。男女共同参画センターでは，男性も女性もすべての個人が喜びも責任も分かち合い，その能力・個性を十分発揮することができる社会の実現を目指して，地域やテーマに沿って，次の事業が行われています。
　①情報収集・提供事業，②相談事業，③学習・研修事業，
　④自主活動・交流支援事業，⑤調査・研究事業
　男女共同参画センターにおけるこうした活動は，所蔵資料の相互貸出・研修会・イベントへの図書館員の参加など，図書館との連携で大きな可能性があります。特に，子どもの虐待，DV（被害者が助けを求めてきた），職員，利用者のセクハラ，職員，利用者の暴力，ストーカーなど緊急の対応が必要な場合には，相談員のいる男女共同参画センターとの電話の連携も可能です。また，DVやストーカーなどの予防や対応については，緊急連絡先や相談窓口のカードや対応マニュアルも配布されています。まずは，近隣の男女共同参画センターのWebサイトを確認してみましょう。

参考文献
- 青木玲子「男女共同参画センターライブラリー　平等なアクセスを基盤としたリテラシー」『現代の図書館』51(3)，2013，p.187-193

参考サイト
- 独立行政法人国立女性教育会館（NWEC）「女性関連施設データベース」
  http://winet.nwec.jp/sisetu
- 独立行政法人国立女性教育会館（NWEC）「女性情報レファレンス事例集」
  http://winet.nwec.jp/tictconsult/
- NPO法人全国女性会館協議会「施設リスト」
  http://j-kaikan.jp/top/modules/mylinks/
- 公益社団法人日本女性学習財団　http://www.jawe2011.jp/

ストーカー・つきまとい

◉利用者から「ストーカー被害を受けている」「つきまとわれている」と相談があったとき

➡職員へのつきまとい・わいせつ電話 (p.86)
➡ DV（ドメスティックバイオレンス）(p.74)
➡警察の捜査 (p.184)

対処　図書館でできること

- 複数の情報源から事実，状況を確認する。
- 被害者を別室で保護する。＊安全が確認されるまで保護。
  加害者を確保した場合，被害者と加害者を別室へ連れていき慎重に対応する。
- 複数の職員で対応する。＊被害者には同性が対応。
- 救済機関，相談窓口の案内。
  ＊状況や被害者の申し出により警察(110番)に通報する。
- 関連部署へ相談，協力を求める。
- 図書館から出るときも，途中で加害者が待ち伏せている可能性があるので，警察に届け，警官に付き添ってもらうようにする。
- 保護者や家族に連絡し，迎えにきてもらう。

ポイント

- ストーカー行為は犯罪である。
- ストーカーやつきまといは，年齢，性別関係なく発生している。
- 被害者の心のケアを考える。
- 館内での不審な行動を目撃したときや，複数の利用者から不審な行動に対し通報があったときには，職員による注視や声かけ，警告を行うが，被害者のことを第一に考え刺激しないことも大切。
- 加害者がエスカレートする場合があるので注意が必要。
  ＊深刻なときは警察(110番)に通報する。
- 加害者の行動記録をとると同時に，被害者が図書館内でどのようなことをされていたかの記録もとる。
- 加害者の特徴や車のナンバーなど全職員で情報共有する。
- カウンターでの会話や発言に十分注意する(誰が聞いているかわからない)。

予防／備え

- 館内巡回強化。
- 声かけ・あいさつをする。＊相手をよく見て
- 警察による巡回を依頼する。
- ストーカー行為に対する研修の実施。

こんなときにはどうするの？　～考えておきたいこと

- 職員数が少ないときに「ストーカー行為を受けている！」と相談があったとき，どうしますか？
- 臨時職員，女性職員，アルバイトのみのときにストーカー被害の相談があったらどうしますか？
- 「他校の男子生徒からストーカー行為を受けている」と男子学生が相談にきたら，どうしますか？
- ストーカー行為の件で，防犯カメラの映像や貸出履歴を提供してほしいと警察から電話があったとき，どうしますか？

■参考文献
- 鑓水三千男，中沢孝之，津森康之介『図書館があぶない！　運営編』エルアイユー，2005, p.84
- 鑓水三千男『図書館と法　図書館の諸問題への法的アプローチ』日本図書館協会，2009 (JLA 図書館実践シリーズ 12), p.220
- 馬場・澤田法律事務所『ストーカー・DV 被害にあっていませんか？』中央経済社，2011
- ふじいまさこ『身近な危険から自分を守る！　ゆるサバイバル入門』新潮社，2013

■参考サイト
- ストーカー対策ネット　http://www.stalker-taisaku.net

■関連法規
- 刑法第 130 条（住居等侵入罪）
- ストーカー行為等の規制等に関する法律第 3 条（つきまとい等の禁止），第 4 条（警告）
- 迷惑防止条例（「公衆に著しく迷惑をかける暴力的不良行為等の防止に関する条例」など）
  ＊現在，すべての都道府県で制定されていますが，その規定内容はすべて同じではありませんので，各自治体のホームページを経由して立法例を確認していただくことが望まれますが，立法例を挙げるとすれば，以下のとおりです。

例 千葉県の公衆に著しく迷惑をかける暴力的不良行為等の防止に関する条例の該当規定
（つきまとい行為等の禁止）

第11条 何人も，みだりに，特定の者に対し，著しく不安又は迷惑を覚えさせるような方法で，執ように，次の各号に掲げる行為（ストーカー行為等の規制等に関する法律（平成12年法律第81号）第2条第1項に規定するつきまとい等を除く。）をしてはならない。

(1) つきまとい，待ち伏せし，進路に立ち塞がり，住居，勤務先，学校その他その通常所在する場所（以下「住居等」という。）の付近において見張りをし，又は住居等に押し掛けること。

(2) その行動を監視していると思わせるような事項を告げ，又はその知り得る状態に置くこと。

(3) 面会その他義務のないことを行うことを要求すること。

(4) 著しく粗野又は乱暴な言動をすること。

(5) 電話をかけて何も告げず，又は拒まれたにもかかわらず，連続して，電話をかけ，ファクシミリ装置を用いて送信し，若しくは電子メールその他の相互に連絡する機能を有する電気通信を送信すること。

(6) 汚物，動物の死体その他の著しく不快又は嫌悪の情を催させるようなものを送付し，又はその知り得る状態に置くこと。

(7) その名誉を害する事項を告げ，又はその知り得る状態に置くこと。

(8) その性的羞恥心を害する事項を告げ，若しくはその知り得る状態に置き，又はその性的羞恥心を害する文書，図画その他の物を送付し，若しくはその知り得る状態に置くこと。

(9) 虚偽の事項を告げ，又はその知り得る状態に置くこと。

3章 職員への不当行為

帰宅時、利用者が待ち伏せていたり、知らない人から親しげにフルネームで呼ばれたりしたらどうしますか？ 図書館利用から大きく逸脱した利用者の行動——図書館職員に対しての暴力、暴言、セクハラなどへの対応事例を紹介します。

職員への暴言，大声で威嚇，暴力

対処　図書館でできること

- 職員と利用者の安全を確保する。
- 複数の職員で対応する。
- 大声を出されても動じない。
  - 例「大きな声を出されて，おどろきました。もう少し小さな声でお話いただけますか」
- 別室へ誘導する。
- 状況を記録(写真・録音・録画)する。
  - 例「行き違いや間違いがあっては困るので，記録させていただきます」
- 必要に応じて警察(110番)に通報する。

ポイント

- 他の利用者の安全を考え，行動する。
- 相手をことさらに刺激しない。
- 挑発に乗らない。
- 時には「逃げる」ことも必要。
- 面談は時間を区切り，複数の職員で対応する。
- 状況を記録(写真・録音・録画)する。
- 防犯ブザー(警笛)を持つ。
- 電話での対応は慎重に，相手のペースに乗せられない。
  - 例「ただいま，立て込んでおります。後ほどこちらからお電話差し上げます。お電話番号を教えていただけますか？」
  - ＊常に携帯電話を所持し，固定電話以外からも職場内に応援を頼んだり，警察に通報できるようにしておく。

予防／備え

- 暴力に屈しない姿勢を貫く。
- 全職員が同じ対応ができるよう心がける。
- 関連機関(警備会社・警察・弁護士・自治体)の連絡先をわかりやすく掲示する。
- 行政対象暴力についての研修を実施する。
- 護身術研修を実施する。

こんなときにはどうするの？ 〜考えておきたいこと

- 嫌がらせが続いたとき，どうしますか？
- 急に凶器を出されたとき，どうしますか？

■参考文献
- 鑓水三千男，中沢孝之，津森康之介『図書館があぶない！ 運営編』エルアイユー，2005，p.56-68
- 鑓水三千男『図書館と法　図書館の諸問題への法的アプローチ』日本図書館協会，2009 (JLA図書館実践シリーズ 12)，p.216
- 行政対象暴力問題研究会『行政対象暴力 Q&A』改訂版，ぎょうせい，2010
- 楠井嘉行「行政対象暴力の実際とその対策」『地方自治職員研修』46(12)，2013，p.35-37

■関連法規
- 刑法第 95 条 (公務執行妨害罪)，第 234 条 (威力業務妨害罪)，第 230 条 (名誉毀損罪)，第 231 条 (侮辱罪)

🌱 行政対象暴力

行政対象暴力とは，暴行，脅迫，困惑行為などの違法または不当な手段により，行政庁に対し，違法もしくは不当な行為を要求し，または行政の公正・中立性を阻害する行為のことをいいます。

これらの行為に関しては毅然と対応することが基本とされ，行政の中でも研修の実施や対応マニュアルの作成が進んでいます。また，警察への通報や顧問弁護士への相談等も行われています。

図書館では，このような行政対象暴力は少ないかもしれませんが，いつどんなときに巻き込まれるかわかりません。行政と同様，理解を深めるための研修を行うことをお勧めします。

職員へのセクハラ

●利用者から職員がわいせつな言葉をかけられる，図画を見せられる
→職員へのつきまとい・わいせつ電話 (p.86)

対処 図書館でできること

- 拒絶の態度を示す。
- 事実を確認する(複数の情報で確認)。
- 複数で対処し，加害者には注意・警告を行う。
- 場合によっては警察(110番)に通報する。
- 被害を受けた職員のケア(相談窓口の案内，心のケア)の実施。

ポイント

- セクハラは痴漢行為そのものであり，犯罪である。
- 職員はセクハラに対しての知識と判断力を備える。
- 相手が「イヤ」と思えばセクハラになる。
- 泣き寝入りしない，させない環境を整備する。
- 被害者・加害者は男女を問わずある。
- 被害者の心の傷を理解する(被害者に落ち度はない)。
- 図書館は女性の多い職場であるということを意識する。
- どのようなことでも話しやすい職場環境をつくる。

予防／備え

◆職員に対して

- セクハラの定義を徹底し，研修の実施などを通して意識を共有化する。
  例 セクハラへの対処を事務室に掲示する。
- 相談できる職場環境を確立する。
  例 相談窓口の紹介，など。
- 女性のみの勤務体制時や，職員数が少ないときに発生した場合の対処を考える。

◆利用者に対して
- 資料を用い，特設コーナー等を設置し啓発を行う。
- 啓発資料の配布。

こんなときにはどうするの？ ～考えておきたいこと

- 特定の利用者から女性の裸の写真を見せられたらどうしますか？
- レファレンスの最中に手を握られたり，身体を触られたらどうしますか？

■参考文献
- 山本由美「CA757 - 図書館でもセクハラ!! あなたもねらわれている」『カレントアウェアネス』No.144, 1991.8.20
  http://current.ndl.go.jp/ca757
- 石井妙子ほか『セクハラ・DV の法律相談』青林書院, 2012 (新・青林法律相談 7)
- 服部英治「実践！経営者のための人事・労務入門　制裁処分も検討, 規程作成などの予防策を万全に　職場でセクハラ行為が発生したら」『日経ヘルスケア』285, 2013.7, p.100-102

■関連法規
- 迷惑防止条例(「公衆に著しく迷惑をかける暴力的不良行為等の防止に関する条例」など)
  ➡「ストーカー・つきまとい」の立法例(p.79)
- 刑法第 175 条 (わいせつ物頒布等)
  ＊この犯罪が成立するためには, 行為者がわいせつな文書や図画を特定の者に示すだけでは足りず, 不特定多数の者に配付したり, 掲げたりすることが求められますが, 当然にまたは成り行き上不特定多数の者に配付されるべき状況がある場合には, 現に配付されたり, 掲げられたりした者が少数であったとしても成立しうるものです。
  したがって, 行為者がまず図書館職員に示した場合でも, 周辺の利用者に見えるように掲げたりした場合には, 本罪が成立します。

職員へのつきまとい・わいせつ電話

- ●ストーカー行為までにはならないものの，特定の職員につきまとい，一方的に話しこむなど，業務に支障をきたす
- ●わいせつな内容の電話

対　処　図書館でできること

◆つきまとい
- ●複数の情報源から事実，状況を確認する。
- ●複数の職員で対応する。
- ●管理職や現場の責任者が対応するのが望ましい。
  - 例「彼女（彼）には，これから他の業務があります。代わりに私どもがうかがいます」
- ●毅然とした態度で加害者に対応（エスカレートするおそれがあるので注意が必要）。
  - ＊状況や被害者の申し出により警察（110番）に通報する。
- ●管理職は被害が深刻な場合や本人の申し出で，配置転換や分館等への異動が可能か考える。

◆わいせつ電話
- ●相手にしない。すぐに電話を切る。
- ●しつこい場合は通話を録音して記録をとる。
  - 例「サービス向上のために録音させていただきます」
- ●男性に替わる。

ポイント

- ●深刻なときは警察（110番）へ通報する。
- ●ストーカーやつきまといは，年齢，性別に関係なく発生している。
- ●加害者がエスカレートする場合があるので注意が必要。
- ●職員の心のケアを考える。
- ●教育委員会，自治体にも報告。情報を共有する。
- ●女性一人で勤務している場合もあるので，電話では一人ということを悟ら

れないようにする。

予防／備え

- 図書館のシフトを変則的にし，男性職員を入れるなど見直しを図る。
- 土曜，日曜，夜間勤務の際に男性を配置する。
- 電話での名乗り方，名札の氏名表示の方法を検討する。
  ➡ 🌱コラム「フルネームの名札」
- シフトを頻繁に変更し，勤務時間等がわからないようにする。
- 内線番号表や座席表が利用者の目に触れないようにする。

こんなときにはどうするの？　〜考えておきたいこと

- 臨時職員，女性職員，アルバイトのみのとき，どう対応しますか？
- 被害者となった職員の今後の業務分担をどうしますか？
- カウンターで「読んでください」と手紙を渡されたら，どうしますか？

■参考文献
- 鑓水三千男，中沢孝之，津森康之介『図書館があぶない！運営編』エルアイユー，2005, p.19

■関連法規
- 迷惑行為防止条例の立法例を参照

🌱フルネームの名札

　図書館は不特定多数の人が出入りし，働く側は女性が多い職場です。そういう中で「名札の着用」に対して慎重になる館や不安の声をあげる館も多いようです。しかし，自治体や会社の指示でサービス向上のため，必ず着用しなければならないというケースもあり，難しい部分ではあります。

　もちろん，サービス向上や働く人の意識向上のためには名札の着用は必要であり，私服率の高い職場なら，利用者にわかりやすいということも考えられるでしょう。一方，職員が名札から名前を覚えられ，名前で呼ばれたり，つきまとわれたり，ストーカー行為に発展することも実際に発生しており，名札着用には慎重な声も聞かれます。

　図書館ではそのようなことも考え，図書館の実情をしっかり訴えて，それに合った名札の着用を工夫すべきでしょう。

電話の受け答えについて
まずは，相手の話を聞いてから

　最近「○○図書館の△△です」と図書館名＋自身を名乗るという電話の受け方が主流になってきています。ビジネスマナーの本にもそのように記載されていますが，果たしてその名前を会話の終わりまで覚えている人は何人いるでしょう。確かに，マナーの面を考えれば丁寧で，受けたほうも名乗ることで責任を持って回答するという強い自覚が生まれるかもしれません。

　ですが，「今日（図書館は）開いていますか？」「何時まで開館していますか？」程度の問い合わせに名乗る必要があるでしょうか。最初に自分の名前を名乗ったためにマンションや投資のセールスの電話が頻繁に名指しで来たという事例や，女性だけの勤務時間帯に名乗るのは不安だという声もよく聞きます。

　自身の名前を名乗るのは，相手の話の内容をよく聞き，判断すればよいのではないでしょうか。時間のかかるレファレンス，クレーム，上司にきちんとつなげなければならない事項を含んだもの等，電話が1回では済まないようなときや重要事項の際，「この電話は図書館（○○担当）の△△がお預かりしました」と電話を切る最後に申し添えれば，相手にも名前をはっきりと覚えてもらえます。

　電話の応対はお互いの表情が見えない分，声だけで勝負しなければいけません。笑顔で元気よく，はっきりと「はい！図書館です」や「お待たせしました，図書館です」から始め，「お電話ありがとうございました」と気持ちよく切れば，ひょっとしたら，向こうから「あなた，元気よくて気持いいね」とお褒めの言葉をいただくかもしれません。

4章 不審な行動をとる利用者をみかけたとき

利用者の不審な行動にどのように対処しますか？
書架の間からじっと見つめられたら、どうしますか？
女性職員だけが勤務しているとき、
ひとりごとをぶつぶつ言いながら歩いている男性がいたらどうしますか？
また、自閉症、発達障がいの人たちへの
理解を深めるための項目もあります。

不審な行動

◉利用者が目的不明なまま館内をふらついているとき

➡認知症によるトラブル (p.92)

対処　図書館でできること

- 他の職員に連絡をとり，互いに注意しあう。
  ＊不審者の特徴などの情報を全職員で共有する。
- 声をかける。あいさつする。
  例「こんにちは，本やCDが見つからない場合は，お手伝いしますのでおっしゃってください」
- 職員がフロアワークを装い，つかず離れず，時には声をかけて不審な行動をけん制する。
- 他の利用者の迷惑になっている場合，事務室などに招き，複数人で対応して，利用マナーについて理解を求める。
  ＊警備員(いる場合)とも協力する。
- 連絡先等がわかれば家族に連絡する。
  ＊対処法を聞く。迎えにきてもらう。
- 制止や注意に従わず逸脱した行為(暴言，暴力等)を行った場合，警察(110番)に通報する。

ポイント

- 相手の顔を見て声をかける。
- 複数の職員で対処する。
- 不審者については，発見次第すぐに職員間で情報を共有し，その後の行動を把握する。大きなトラブルに発展しないように気をつける。
- 館内での不審な行動や複数の利用者から申告があったときには，職員による声かけや警告を行う。
- 人のいない所(事務室・館外など)で複数の職員により警告する。
  例「何をされていたのですか？」
  例「あなたの行動は，他の方が迷惑しますので，すぐにやめてください」

- 深刻なときは警察(110番)に通報する。

予防／備え

- 書架整理や配架の際に利用者の行動を確認する。
- 笑顔で声かけ・あいさつをする。＊相手をよく見て
- 以前から不審な行動が目立つ人については，職員間で情報を共有しておく。

こんなときにはどうするの？　～考えておきたいこと

- 児童室で不審な行動をしている大人を発見した場合，どうしますか？
- 土曜・日曜などで混雑している時間帯に不審な行動をとる人がいたら，どうしますか？

■参考文献
- 鑓水三千男，中沢孝之，津森康之介『図書館があぶない！　運営編』エルアイユー，2005，p.16
- 鑓水三千男『図書館と法　図書館の諸問題への法的アプローチ』日本図書館協会，2009（JLA図書館実践シリーズ12），p.220

■関連法規
- 刑法第130条（住居等侵入罪），図書館法第2条（定義）
  ＊図書館は，図書館資料を提供する施設であり，利用者がその目的外の目的で図書館に入館した場合には，住居等侵入罪が適用される場合があります。

認知症によるトラブル

◉家に帰れなくなった，意味不明なことを言い続ける，失禁

対　処　図書館でできること

- 館内に家族，同伴者がいるか否かを確認する。
- 家族に連絡する(連絡先がわかっている場合)。
- 他の職員との情報共有。関係機関と連絡を取りあう。
- 事務室に保護する。
- コミュニケーションを図り，できるだけ情報を収集する。

◆家へ帰れなくなったとき
- 事務室・救護室などで保護する。
- 家族を探す(館内放送)。
- 連絡先を聞き出すか調べて家族に連絡する。
- 迎えに来た人を確認して連れて帰ってもらう。
- 関連部署へ連絡，相談する。

◆失禁したとき
- 汚れを応急的にぬぐう。
- 事務室などで一時保護する。
- 連絡先を聞き出すか調べて家族に迎えにきてもらう。
- 迎えに来た人を確認して連れて帰ってもらう。
- 清掃や取り替えに要した費用がある場合は弁償してもらう。
- ソファーなどに失禁した場合，消毒や洗浄を行う。

ポイント

- 連絡先が不明の場合は担当部署や警察署に連絡する。
- 緊急性が感じられた場合，現場での対応を優先する(館長等，安全管理者には事後報告)。
- 必要なものの用意(救急箱や使い捨ての手袋，タオル等)。

- 今後，高齢者のトラブルは増加すると思われ，対策が急務である。

予防／備え

- 利用者の行動に注意する。
- 声をかける。
- 他の職員との情報共有。
- 認知症の行動や言動について知識を深めておく。研修の実施や認知症サポーター養成講座の受講。
- 本の特設コーナーをつくり，社会的認知を広めるよう取り組む。
- 関係部署との情報交換を行う。
- ソファーなどは汚れに強い生地にする。

こんなときにはどうするの？ ～考えておきたいこと

- 特定の職員を相手に，ずっと話し続けている場合，どうしますか？

■参考文献
- 三宅貴夫『認知症ぜんぶ図解　知りたいこと・わからないことがわかるオールカラーガイド』メディカ出版，2011
- 長谷川和夫『わかりやすい認知症の医学知識』中央法規出版，2011

■参考サイト
- 厚生労働省「認知症への取組み」　http://www.mhlw.go.jp/topics/kaigo/dementia/
- 公益社団法人認知症の人と家族の会「認知症の電話相談」
  http://www.alzheimer.or.jp/?page_id=146

■関連法規
- 民法第714条（責任無能力者の監督義務者等の責任），同第858条（成年被後見人の意思の尊重及び信条の配慮）

    ＊認知症の者など，自分の行為の是非が判断できない者が図書館資料を汚損破損した場合には，その監督責任者が賠償責任を負うことになります。
    未成年者であれば民法第818条（親権者），同第820条（監護及び教育の権利義務）などの規定により保護者に対応を求めることができますが，成人の場合であって，成年被後見人が選定されていない場合（＝監督義務者がいない場合）には，対応がきわめて困難になります。

認知症について理解を深める

　高齢化が進み，図書館でも高齢者の利用が目立っています。高齢者の利用を見据えたさまざまなサービス展開が求められるとともに，高齢者がトラブルの原因になる事例も増えつつあります。
　その一つに認知症の方や認知症ではないかと思われる方によるトラブルがあり，これには今後注意が必要です。具体的には次のようなケースがあります。

- 新聞閲覧中に失禁してしまい，椅子の座面が布だったために消臭や汚れをふき取るのが大変だった。
- 本を借りるのだが，返却期限を忘れてしまう。借りたことを忘れてしまうケースがある。
- 職員に暴言や理不尽なことを言い続ける。
- 他の利用者とトラブルになる。

　家に帰れなくなった，館内を歩き回る，徘徊し図書館付近を通過している，という事例は報告されていないのですが，地域や関係機関とよく連携して危機を未然に防いでいくことに加え，認知症に関する理解を深めていくことも必要です。また，独居の場合や配偶者と二人暮らしのようなケースもあって，家族との連絡が困難なこともあります。そのような高齢者が来館したときの対処法やケアのしかた，家族への接し方なども把握しておきたいものです。

自閉症の人への対応

- 館内で奇声を発する
- 職員の言うことが理解できない(コミュニケーションがとりづらい)
- 飛び跳ねや体を揺する

対処　図書館でできること

- 肯定的な話し方をする。
  - 例「静かにしましょう」「お口，チャックでお願いします」
  - 「ボリューム1でお願いします」
  - ＊すべての方に理解いただけるわけではありません。
- 絵や写真，カレンダーなど具体物で図書館の利用法を説明する(理解度には個人差がある)。
- いつも同じ対応をする(こちらから思いつきの雑談などはしない)。

ポイント

- 自閉症の人は，比較的静かで多くの本がある図書館を好む傾向がある。
- 自身の興味・関心のある分野の本(鉄道，恐竜等)が多いため図書館を好む。
- 自閉症の人は，抽象的な概念をとらえるのが難しく，コミュニケーションをとることが難しい。
- 聴覚過敏があったり，変化への適応が困難であったりするため，強いストレスを受けやすい。
- 「他の人の迷惑になるので静かにしてください」という抽象的な言い方は避ける(伝わりにくい)。
- あいさつの返答は期待しないこと(こちらからあいさつすることは，心がける)。
- 本人に悪意はまったくないので不審な行動として扱ったり，恐れたりせず，落ち着いて行動する。

予防／備え

- 自閉症の人は「いつも同じ，落ち着いた環境」であれば問題行動につながりにくいので，落ち着いた環境づくりを心がける。
- 発達障がいへの理解を深めるための研修会，関連資料展示を実施する(利用者，職員対象)。
- 関連機関との連携や情報交換を行い，発達障がいについての理解を深め，情報を共有する。
- 本人をよく知る家族や学級・学校関係者に，パニックになったときなどの対応を聞いておく。
- 規則の変更(臨時休館，時間の変更等)は前もって見える形で同じ場所に掲示する。

こんなときにはどうするの？　〜考えておきたいこと

- ほかの利用者から「あの人がうるさい」「あの人の行動がおかしい」などと言われたらどうしますか？
- 赤ちゃんの泣き声に反応して奇声を発したり，暴れたりしたらどうしますか？

■参考文献
- 内山登紀夫監修『発達と障害を考える本』ミネルヴァ書房 (全8冊)
- 戸部けいこ『光とともに　自閉症児を抱えて』秋田書店 (全15巻)
- 藤沢和子編著『LLブックを届ける　やさしく読める本を知的障害・自閉症のある読者へ』読書工房，2009
- 佐々木正美監修，主婦の友社編『自閉症の本　じょうずなつきあい方がわかる』主婦の友社，2009
- 塩川宏郷監修，主婦の友社編『発達障害を持つ子どものサインがわかる本』主婦の友社，2012

■参考サイト
- 政府広報オンライン＞お役立情報＞発達障害って，なんだろう？
https://www.gov-online.go.jp/featured/201104/index.html

■関連法規
- 民法第714条 (責任無能力者の監督義務者等の責任)，第818条 (親権者)，第820条 (監護及び教育の権利義務)
　＊自閉症の者が未成年者であった場合に適用されます。

5章 施設・備品の破損

利用者が壁面に落書きをしているところをみつけました。どうしますか？
ここでは、老朽化や事故に伴う施設・備品の破損に加え、利用者が故意に破損させる事例も紹介しています。

トイレの水漏れ，水道管破裂，ガス漏れ

- ●冬期の水道管凍結
- ●管の老朽化
- ●事故

対処　図書館でできること

- ●元栓を閉める。
- ●ガス漏れの場合，安全を最優先し，利用者を避難させる(職員も避難する)。
- ●水道担当部署，ガス会社に連絡し対処を依頼する。
- ●危険性がある場合は消防署(119番)に通報する。
- ●緊急性や人命にかかわる際は臨時休館する。
- ●教育委員会，担当各課に報告する。
- ●ホームページやSNSで状況を発信する。
- ●資料を避難させる。

ポイント

- ●ガスや水道の元栓の場所を把握，ブレーカーの場所と落とし方を知っておく。
- ●図書館職員だけでは対処が難しいので，その対応を考えておく。
- ●利用者の安全を第一に考えるが，資料提供に不便をかけないよう工夫する。
- ●資料の汚破損を引き起こす場合もあるため，非常時の資料救済の手順を把握しておく。
- ●緊急連絡先を事務所内で目に見える場所に掲示する。
- ●スプリンクラーは，建物内すべてに散水されるため，資料が全滅するおそれがある。
- ●一般資料の損害には保険が適用されないことに注意する。

予防／備え

- 定期的な保守点検を実施する。
- 業者による定期点検の実施(連絡先の電話番号を把握しておく，土曜・日曜の窓口も)。
- 水道管が凍結するおそれがあるとき，夜間は元栓を閉め，電熱線を巻く。
- 器具類の部品対応年数を把握しておく。
- 水道管やスプリンクラーのそばに貴重資料を置かない。

こんなときにはどうするの？ ～考えておきたいこと

- 書庫の中で水漏れが発生しました。どうしますか？

■参考文献
- 荒井章『新・住まいの徹底修理術 カンタン直しからトコトン直しまで 手入れを楽しむ！』山海堂，2007
- 片桐雅推『イラストだから簡単！ なんでも自分で修理する本』増補新版，洋泉社，2013

■参考サイト
- 「トイレのトラブルこんなときどうする？」 http://www.wc-trouble.com/trouble/

■関連法規
- 国家賠償法第2条 (公の営造物の設置管理の瑕疵)
  ＊図書館の施設設備の瑕疵（欠陥）や管理の不適切さに起因して，利用者の身体・財産に被害を及ぼした場合には，国家賠償法の規定により，図書館を設置した自治体に損害賠償責任が発生します。

図書館施設の汚損
● 机，トイレ，壁面への落書き

対　処　　図書館でできること

◆**落書きを見つけたら**
- 記録をとる(発見した日時，写真，形状，落書きの内容等)。
- すぐに「消す」。
- 内容が悪質であれば警察に被害届を提出，差別的，個人への誹謗中傷の内容には関連機関(人権・同和対策担当部署)にも連絡，相談する。

◆**書いている現場を目撃したら**
- 複数で対処する。
- 「何をしているんですか！」「やめなさい！」と注意。
- 落書きは犯罪であることを説明し消させる。毅然とした対応をとる。
- 原状復帰の際の費用の負担を求める場合もある。
- 注意を聞き入れない場合，警察(110番)へ通報する。

ポイント

- 落書きはアートではない。
- 関連機関(人権・同和対策担当部署)との連携。
- 公共物に被害があった場合，行政は加害者に賠償させるケースが多い。
- トイレをきれいにすれば，トイレ内のいたずらは少なくなる。
- 注意する際は無理せず，状況を見極めて行う。
- 図書館利用規則には図書館資料の汚破損のみではなく，施設設備の損壊についても賠償を求める規定が定められている例がある。

予防／備え

- 「職員が見回っています」旨の掲示。
- 落書きは犯罪ということを，職員および利用者に認識させる。

- 図書館としての姿勢・方針を明確にする。
- 原状復帰の際，費用の加害者負担を明示。
- 館内巡回強化。
- トイレの美化。
  - 例 「いつもきれいにご利用いただきありがとうございます」「職員も利用しています」などのメッセージの掲示。
- 落書き帳や落書き掲示板などを設置し利用してもらう。

こんなときにはどうするの？ ～考えておきたいこと

- 館外の壁面，シャッターへの落書きがあった場合，どうしますか？

■参考文献
- 鑓水三千男，中沢孝之，津森康之介『図書館があぶない！ 運営編』エルアイユー，2005，p.173
- 小林茂雄「落書き防止対策としての壁画制作に関する研究」『日本建築学会環境系論文集』609，2006.11，p.93-99

■関連法規
- 刑法第 261 条（器物損壊罪）
- 図書館利用規則
- 民法第 709 条（不法行為による損害賠償）
- 民法第 714 条（責任無能力者の監督義務者等の責任），第 818 条（親権者），第 820 条（監護及び教育の権利義務）
  *落書きをした者が未成年の場合に適用されます。
- 刑法第 261 条（器物損壊），第 230 条（名誉毀損），第 231 条（侮辱）

法律ミニ知識

《名誉毀損》
　名誉毀損罪は，公然と人の社会的地位を貶めるに足りるべき具体的事実を適示して名誉を低下させる危険を発生させることで成立するものであり，侮辱罪は事実を適示しないで他人の社会的地位を低下させるような行為を行うことで成立します。したがって，壁等の落書きでも特定個人を誹謗中傷する事項を記載すれば，その内容によって，名誉毀損や侮辱罪が成立することは十分ありえます。

割れ窓理論

　小さい犯罪や違反行為を見逃していると，住民のモラルが低下していき，違反行為がエスカレートしていきます。それがゆくゆくは重大な犯罪の呼び水となります。これは窓ガラスを割られたまま放置していると，管理が行き届いていない場所と思われ，次第にいたずらがエスカレートしていくという考えから，割れ窓理論と名づけられました。

　この割れ窓理論を導入して大きな成果をあげたのが，ニューヨーク市の事例です。ニューヨーク市では，地下鉄の治安の悪さに頭を抱えていました。そこでまず車両の落書きを消しました。次に無賃乗車を取り締まりました。徹底して行ったそれらの成果により，地下鉄での犯罪件数を10年間で約85パーセント減らすことに成功しました。

　その後，ニューヨーク市全体でも割れ窓理論を発展させた形で犯罪の予防対策が行われました。それは軽微な犯罪を取り締まることのほか，警察を地域に根づかせることでした。また，コミュニティポリシングという考えから，市民グループと協働してコミュニティの安全を守りました。

　ニューヨーク市の事例を挙げましたが，これは図書館にも当てはまります。小さな汚れや落書きを見逃しているとそれがエスカレートし，施設の汚破損や備品の盗難，損壊といった事例にもつながります。そのため普段から，館内のあちこちに気を配り，机の上やトイレ内で落書きを見つけた，ごみが落ちていたなど，些細なものでもすぐに対応しましょう。

　しかし，職員だけで館内の細かいところまで気を配るのは難しいことです。そこで利用者とふだんからよい関係を築くことが大切になります。その利用者が館内でのいたずらが多いことを知っていた場合，いたずらされた場所であったり，しようとしている人を教えてくれるかもしれません。そのような目を光らせている人が複数いると思わせるだけでも，未然に防ぐことができます。

　このように，割れ窓理論は，事件・事故が起きてからの対処に重点を置くのではなく，危機を未然に防ぐという点を重視しています。

参考文献
- G.L. ケリング，C.M. コールズ，小宮信夫監訳『割れ窓理論による犯罪防止』文化書房博文社，2004
- 小宮信夫『犯罪は「この場所」で起こる』光文社，2005
- 小宮信夫『犯罪は予測できる』新潮社，2013

6章 病人や事故が発生したとき

利用者が急に倒れたらどうしますか？
子どもが図書館の2階のベランダから転落したらどうしますか？
乳幼児から高齢者まで気軽に利用できる図書館。
そのため、急病人や事故の発生にも的確な処置が求められます。

急病・ケガ・意識不明・急死

➡子どもの事故 (p.109)

対処　図書館でできること

- 状況を見て(動かしてもよさそうか)，対処できるよう応急処置をする。
  - *本人に話しかけるなどして呼びかけ，反応を見る。
  - *冷静に対処する。周囲の利用者への対応も必要。
  - *意識不明の場合は，必要に応じてAED(自動体外式除細動器)の手配・使用。
- 消防(119番)に通報し，状況を伝えるとともに指示を仰ぐ。
  - *複合施設の場合，警備室，医務室などへも連絡する。
- 医療関係者が館内にいないか呼びかけ，協力をあおぐ。
  - 例「館内で急病人が出ました。医師や看護師の方がいらっしゃいましたらご協力お願いします」
- 同行者がいる場合は協力を求める(所持品の管理・付き添いなど)。
  - *場合により図書館職員が付き添う(救急車に同乗するなど)。
  - *置き引きに注意する(ロッカー内の荷物も確認する)。
- 急病人の家族の連絡先などをわかる範囲で調べ，連絡する。
- 搬送病院を確認し，家族に連絡する。
- 事故(事件)報告書を作成する。
- 傷害事件の場合は警察(110番)に通報する。

ポイント

- 状況把握・安全確認。余裕があれば医務室・保健室・保健師への連絡。
- 消防(119番)に通報する。
- 救急車の到着までには時間がかかる。救急車が来るまでの「救急救命法」の講習会を受講しておくことが重要(消防署に要請すると普通救命講習会を受講できる)。
- 家族等に連絡する。
- 管理職に報告する。
- 近隣病院や保健センターの連絡先の把握や人的交流も必要。
- 心臓病や糖尿病などの場合，緊急時の措置に関するカードや薬を所持して

いることがある。
- 手助けしてくれた人の名前・連絡先を聞く(後日，図書館や当事者から謝意を表明するため)。
- 軽傷の場合は救急箱で対応する。頭痛・腹痛などの場合，体質などに合わない場合があるので，飲み薬など用いないよう注意する。(大学の場合)医務室への連絡も考える。
- 事務室内のソファー等，体が横になれる場所を確保する。

> ■急病人が出たとき，図書館に常備しておくと役立つもの
> ・救急箱
> ・毛布(体を冷やさないため必備)
> ・タオル
> ・担架
> ・車椅子
> ・AED
> ・使い捨ての手袋，マスク

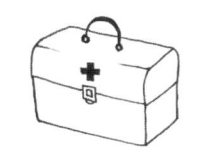

予防／備え

- 館内巡回強化，声かけ。
- 救急救命法，AED操作の習得。AED設置場所の把握。
- 顔色が悪いなど，体調が悪そうな利用者への声かけ。
- 医務室との連携強化。
- 図書館の立地や状況によって，119番ではなく直接，消防署に連絡したほうが早いケースがあり，通報方法を消防署に確認しておく。
- 関係機関の連絡先を掲示する(電話番号や内線番号，担当部署)。

こんなときにはどうするの？ ～考えておきたいこと

- 図書館職員が配架中に倒れた場合どうしますか？
- ケガ人を見て，パニックになった利用者がいました。どうしますか？

■参考文献
- 鑓水三千男，中沢孝之，津森康之介『図書館があぶない！ 運営編』エルアイユー，2005, p.160, 167

6 病人や事故が発生したとき

- 「もしも店でお客が倒れたら!?　店内での急病人，やけどへの対応」『日経レストラン』2008.12
- 日本救急医療財団心肺蘇生法委員会監修『救急蘇生法の指針2010（市民用）』へるす出版，2010

■参考サイト

- 一般財団法人日本救急医療財団　http://www.qqzaidan.jp/
- 東京防災救急協会「応急手当関係講習会一覧」
  http://www.tokyo-bousai.or.jp/lecture/kyukyu/teate/index.html
- 東京防災救急協会「応急手当のポイント」
  http://www.tokyo-bousai.or.jp/lecture/kyukyu/index2.html
- 埼玉県のホームページに掲載された指針　http://www.pref.saitama.lg.jp/site/aed-2010/

救急救命は躊躇せずに！

　救急救命法の講習を受けた際，ダミーの人形の胸を強く押し心臓マッサージを行い，全身に血液を送るよう言われます（胸骨圧迫）。

　かなり強く押すので講師に「胸の骨が折れてしまうのでは，さらに悪化させてしまい罪に問われるのでは？」と尋ねたところ，「そういうことで，罪に問われたりすることはないので，安心して倒れている人を救ってください」と回答がありました。

　確かに，『救急蘇生法の指針2010（市民用・解説編）』（監修：日本救急医療財団心肺蘇生法委員会）を見ても，アメリカの「善きサマリア人の法」を紹介しながら，日本の場合にも「民法第698条の緊急事務管理からは，悪意または重大な過失がない限り，救助者が処置対象者から損害賠償責任を問われることはないと解釈されます。また，刑法第37条でも緊急避難行為によって害が生じても，避けようとした害の程度を超えなかった場合に限り罰しない』とされていますので，免責されると考えられます。民法や刑法には種々の解釈が成り立つことから，善意の救助者を保護する意味において，わが国においても『善きサマリア人の法』に相当する法律の制定を求める声が根強く存在します」と書かれ，「法律の解釈や概念を越えた道徳・倫理の観点から，市民に『命を慈しみあう』『倒れている人に手をさしのべる』といった善意とそれに基づいた行為が根づくことが強く望まれます」と結ばれています。

　図書館内で急病人やケガ人が発生したら，躊躇することなく救急救命法や応急処置を行って，人命を守っていってもらいたいものです。それには，救急救命法の受講が欠かせません。消防署に依頼をすれば講師を派遣してくれ，半日程度の講習を受けることができます。

　図書館にも設置されているAEDの使用法等も学ぶことができるので，職員全員が受講することがよいでしょう。

　救急隊に預けるまで命を守ることが大切です。

感染症の発生

- ●インフルエンザ
- ●新型インフルエンザ
- ●風邪
- ●風疹,はしか,ノロウイルス

対 処　図書館でできること

- ●感染症が流行していることを利用者に周知する。
  - 例 「インフルエンザが流行しています。入館の際は手指の消毒とマスクの着用をお願いします」
- ●近隣の学校の状況(学校閉鎖,学級閉鎖)を把握し,子どもたちが来館した場合も早めに帰宅させるようにする。
- ●継続開館か臨時休館かの判断を行う。

ポイント

- ●口蹄疫などの家畜感染症は,人や車の動きによって家畜に感染する場合があるので,図書館業務に支障をきたすこともある(図書館が臨時休館する必要がある場合も)。
- ●関係機関との連携,情報交換を行う。
- ●感染症で職員が多数休んでも開館ができるように「事業継続計画」を策定する。
- ●予防していても感染する可能性がある。

予防／備え

- ●予防接種の実施。
- ●職員一人一人が健康管理をしっかりと行う。
- ●手洗い,うがいの励行。
- ●マスクの着用。
- ●手指消毒剤の設置。

- 職員は，自分に感染症の疑いがあるときは出勤しない(休む)。

こんなときにはどうするの？ ～考えておきたいこと

- 職員全員がインフルエンザにかかったら，どうしますか？
- 近くの養鶏場で鳥インフルエンザが発生したら，どうしますか？

■参考サイト
- 厚生労働省　http://www.mhlw.go.jp/　「感染症・予防接種情報」参照

■関連法規
- 感染症の予防及び感染症の患者に対する医療に関する法律第29条（物件に係る措置），第32条（建物に係る措置）
  ＊当該法律に基づき特定の感染症に罹患した者が接触した物件について消毒が行われ，建物に対して立入制限が加えられることがあります。

インフルエンザにかかったら？
——よいサービスのためには健康管理を

　インフルエンザの潜伏期間は1～3日と言われていて，感染してもすぐに症状が出るわけではありません。熱が下がっても数日は感染のおそれがあるため，出勤を控えなければなりません。そのため，インフルエンザにかかると，1週間近く出勤できなくなります。

　また，インフルエンザの怖さは感染力にもあります。潜伏期間中でも他の人に感染していくため，あっという間に広まっていきます。職員が何人も休んでしまうと，図書館自体が運営できなくなり，臨時休館ということにもなりかねません。

　せっかくよいサービスを実施している図書館でも，こうなってはサービスができません。それを防ぐには，予防接種や手洗い，うがい，マスクの着用が効果的だと言われています。

参考サイト
- これであなたも医の達人　http://tatujin.net/influenzakensa.html
- 潜伏期間ナビ
  http://www.senpukukikan-navi.com/expression/influenza-atype.html

子どもの事故

- ●走っていて転倒
- ●扉に身体を挟まれる
- ●誤飲（赤ちゃん，未就学児）
- ●虫に刺される，とげを刺す

➡急病・ケガ・意識不明・急死 (p.104)
➡迷子・子どもの放任 (p.64)

対処　図書館でできること

- ●声をかける。
  - 例「大丈夫？　転んだの？　どこか痛い？」
- ●応急処置ができるようであれば実施する。
- ●周囲に保護者または兄弟・友人がいないか呼びかける(館内放送)。
- ●事故発生当時の情報を集める。
- ●状況によって消防(119番)に通報する。
- ●図書館内に医師や看護師がいないか呼びかける。
- ●名前や連絡先などを本人から聞く。
- ●保護者へ連絡，状況報告。場合によっては自宅訪問で説明。
- ●保護者に連絡がつかない場合は学校等に連絡し，保護者に連絡をとってもらう。
- ●状況を記録(撮影，目撃証言の聴取)する。また，発見者，時間，場所も記録しておく。
- ●今後事故が発生しないような対策を講じる。

ポイント

- ●子どもは大人の想像もしないような行動をとることがあり，それが事故につながる場合がある。
- ●子ども，利用者の安全を最優先する。

予防／備え

- 暴走行為，ケガをするおそれのある行動をしている子どもには危険であることを教える。
- 子どもの放置は危険であることを保護者に理解してもらう。
- 小・中学校などに出向き図書館利用ガイダンス(利用マナー含む)をする。
- 図書館周辺の環境を確認し，子どもにとって危険と思われる場所を把握しておく。
  - 例 図書館の構造，河川・池，廃屋や工事現場，踏切の存在など
- 応急処置のできる職員の配置(救急救命法の受講・習得)。
- 同じ場所で同種の事故・事例が多発する場合，構造的欠陥が考えられるので改善する。
- 救急箱の常備。
- 事故等に対応した保険への加入。
- 子どもの目線で危険箇所を洗い出す。
- とがったものや，子どもから見て高い台など，ケガにつながるものを置かない。

こんなときにはどうするの？ 〜考えておきたいこと

- 保護者に連絡がつかない場合，どう対応しますか？

■参考文献
- 鑓水三千男，中沢孝之，津森康之介『図書館があぶない！ 運営編』エルアイユー，2005, p.175
- 鑓水三千男『図書館と法 図書館の諸問題への法的アプローチ』日本図書館協会，2009 (JLA図書館実践シリーズ12), p.246

■関連法規
- 国家賠償法第2条(公の営造物の設置管理の瑕疵)
  - ＊図書館の施設設備の瑕疵（欠陥）や管理の不適切さに起因して，利用者の身体・財産に被害を及ぼした場合には，国家賠償法の規定により，図書館を設置した自治体に損害賠償責任が発生します。

法律ミニ知識

《国家賠償法》

　図書館内にいてたまたま子どもが走り回ったりした結果，他の子どもと接触したりしてケガをさせた場合に，図書館が施設の管理責任を問われることは原則としてありませんが，子どもを対象とする読書会などを開催した際に，子どもが館内を走り回ることが常態として行われていたことを承知していながら図書館が適切な対応をとらなかった場合には，施設管理に瑕疵があったとして国家賠償法第2条の規定により責任を問われることがありえます。

　また，図書館の扉に挟まれたというような場合に，当該扉の構造の欠陥によると判断された場合には，やはり国家賠償法第2条が適用される場面がありえます。

　たとえば図書館の軒下にスズメバチが巣を作っていたにもかかわらず気がつかずにいた結果，適切な対応をとらなかったという場合であれば，やはり国家賠償法第2条が適用される可能性があります。また，子どもがよく利用するスペースにとげがある植物を配置していたとか，木製の書棚がささくれ立っていて，それによってケガをしたということであれば，管理責任が問われるでしょう。

自動ドア, エレベーターなどに挟まれる

➡子どもの事故 (p.109)
➡急病・ケガ・意識不明・急死 (p.104)

対処　図書館でできること

- 事故にあった利用者の保護。
- 事故を拡大させないため, その場の安全確保。
- 状況により消防(119番)に通報する。
- 救急車が来るまで応急処置の実施。
- 同伴者がいるかどうかの確認・呼び出し。
- 治療などが必要な場合, 保険対応。
- 機器の保守管理業者への連絡, 原因の究明(機器は正常に動作していたか, 事故発生時の状況把握)。
- 安全性が確認できるまでは使用を控える。

ポイント

- 施設・設備は, 正常に作動していても事故が起こることがある。
- 利用者には幼児から高齢者, 障がい者もいることに配慮して安全性を確認する。
- 事故直後は他の利用者に影響が出ないよう, 配慮する。

予防／備え

- 定期的な保守点検を行う。
- 子ども, 障がい者, 高齢者など, さまざまな利用者の目線から危険や死角がないか確認する。
- 日常からの設備の適正利用に気を配る。
- 危険が予測できる箇所への注意を喚起するサインの設置。
- 機器を変更する。
- 保険への加入(関係部署と相談)。

こんなときにはどうするの？ 〜考えておきたいこと

- 管理不行き届きで図書館が訴えられた場合，どうしますか？
- 大事故になった場合，どう対応しますか？

■参考文献
- 鑓水三千男『図書館と法　図書館の諸問題への法的アプローチ』日本図書館協会，2009（JLA図書館実践シリーズ12），p.245-247
- 子育てグッズ研究会編『イラスト版子どもの事故予防　子どもを守る46の生活の知恵』合同出版，2001
- 畑村洋太郎『危険学』ナツメ社，2011

■参考サイト
- 消費者庁「子どもを事故から守る！プロジェクト」
  http://www.caa.go.jp/kodomo/index.php
- 東京消防庁「安心・安全情報」　http://www.tfd.metro.tokyo.jp/lfe/index.html

■関連法規
- 国家賠償法第2条（公の営造物の設置管理の瑕疵）
  *自動ドアやエレベーターに機能上の欠陥があった場合に適用される可能性があります。ただし，子どもが不注意で自動ドアの開閉の際にドアに飛び込んで衝突した場合や，利用者がエレベーターの操作を誤った場合には，図書館に責任があるわけではありません。保護者が同行していれば，保護者の監督不十分ということになります。そうでなければ自己責任の問題です。
  *図書館の施設設備の瑕疵（欠陥）や管理の不適切さに起因して，利用者の身体・財産に被害を及ぼした場合には，国家賠償法の規定により，図書館を設置した自治体に損害賠償責任が発生します。

移動図書館車の事故

→敷地内での交通事故 (p.116)

対　処　図書館でできること

◆事故当事者
- 運転者，関係者としての迅速な通報(消防署・警察・図書館)。
- 人身事故は，人命を第一に考える。即，消防(119番)へ通報する。
- 車を安全な場所に置き，人命救助と現場の円滑な通行に努める。
- 相手がいる場合は相手の連絡先や車種，ナンバー，事故状況を記録する(可能ならば現場の写真を撮る)。
- 保険会社に連絡。
- 事故報告の作成。
- 物損事故の場合，車両や建物などの損壊の状況を撮影しておく。

◆図書館
- 通報を受けた図書館職員は冷静で的確な状況把握に努める。
- すみやかに管理職に連絡し，指示を受ける。
- 加入保険会社への連絡。
- 事故による巡回ステーションへの影響を最小限にとどめるための対策をする。
  - 例 運行することができなくなった移動図書館車の代替車を手配する。ステーションに調整変更を伝える。
- 職務上事故に遭遇した場合の全庁的に決められた対処方針に沿って，教育委員会や関連部署への連絡をすみやかに行う。

ポイント

- 緊急連絡がいつでもできるように，携帯電話を必ず携行する。
- 加入している保険会社の連絡先や保険の種類を確認しておく。
- 職務上事故に遭遇した場合の全庁的に決められた対処方針を確認しておく。
- 対処手順書を車内に搭載し，定期的に確認する。
- 通報を受信した図書館職員がそれを受けてどう対処するか，手順をあらか

じめ決めておく(館長またはその代理者への連絡，教育委員会等関係部課への連絡，移動図書館車の代替車の手配等)。
- 当事者間で示談交渉はしない。

予防／備え

- 運転者は健康管理(前日の飲酒や睡眠不足など)に注意する。
- 無理のない巡回スケジュールを組む。
- 安全運転を心がける。
- 天候や路面状況を冷静に判断して運行を決める。
- 図書館車の定期的な点検や運行前点検の実施。

こんなときにはどうするの？　～考えておきたいこと

- 事故状況が悪く，当事者職員が病院に運ばれた場合，どうしますか？
- 巡回ステーションに連絡がつかない場合，どうしますか？
- 自然災害に巻き込まれた場合(土砂崩れ，豪雨，津波，竜巻)，どう対応しますか？

■関連法規
- 国家賠償法第1条(公務員の行為による公共団体の賠償責任)
  ＊移動図書館車による事故の場合，被害を受けた者はまず当該移動図書館車を運行する地方自治体に国家賠償法を根拠に損害賠償を請求することがほとんどです。また，指定管理者の職員が図書館の公用車である移動図書館車を運転中に事故を起こした場合でも，自治体が第一義的損害賠償を負うことになります。
- 民法第714条(使用者責任)
- 自動車損害賠償保障法第3条(自動車運行供用者の賠償責任)
  ＊およそ自動車は自動車損害賠償保障法のいわゆる強制保険に加入していますので，人身事故が発生した場合には，まず同法の規定による損害賠償責任が発生します。賠償額が不足するような場合には，国家賠償法第1条の規定による損害賠償責任が問われることとなります。
  公用車が任意保険に加入している場合には，当該任意保険による損害の賠償が行われ，なお不足する場合に国家賠償法の適用となります。
  物損事故の場合には，任意保険がある場合には任意保険が適用され，ない場合には国家賠償法の出番となります。
- 道路交通法第72条(交通事故の場合の措置)
- 刑法第211条(自動車運転過失致死傷罪)，第218条(保護責任者遺棄罪)

敷地内での交通事故
◉暴走／接触／人身事故

対処　図書館でできること

◆暴走／接触／人身事故
- ケガをしている人の応急処置，救急救命。
- ケガ人がいる場合，消防(119番)に通報する。
- 警察(110番)に通報する。
- 状況を確認する。
- 撮影し，記録を残す。
- 当事者以外の車を誘導する。
- 複数の職員で対応する。

ポイント

- ケガ人が発生した場合は人命を第一に考え即，消防(119番)へ通報する。
- そのときの状況をできるだけそのまま残す。
- ほかの利用者の安全を確認し誘導する。
- 図書館としての姿勢・方針(管理責任)を明示する。
- 当事者間の協議となるケースが多い。
- 図書館の施設設備の瑕疵(欠陥)や管理の不適切さに起因して，利用者の身体・財産に被害を及ぼした場合には，国家賠償法の規定により，図書館を設置した自治体に損害賠償責任が発生する。

予防／備え

- 「危険」個所にサインの掲示。
- カーブミラーを設置する。
- スピードバンプをつけてスピードが出ないようにする。
- 誘導員の配置(外部委託も検討する)。
- 保険に加入することも検討する。

＊自治体で加入している保険を確認し，場合によっては図書館単独で加入する。
- 駐車場の照明はできるだけ明るくする(車上荒らしの防止にも役立つ)。
- 図書館としての姿勢・方針(管理責任)を明示する。
  - 例「図書館では駐車場での事故による損害については一切責任を負いません」

こんなときにはどうするの？　～考えておきたいこと

- 図書館駐車場の入口付近で事故が起こり，道をふさいでしまっているときはどうしますか？
- 多重事故になってしまったときはどうしますか？
- 立体駐車場から車が落ちたときはどうしますか？

■参考文献
- 鑓水三千男，中沢孝之，津森康之介『図書館があぶない！　運営編』エルアイユー，2005，p.185
- 高橋勝徳『交通事故の法律相談Q&A』法学書院，2012
- 『交通事故の法律知識　最善の解決策がわかる！最新の法令＆数字で解説　2012年改訂版』自由国民社，2012

■参考サイト
- 交通事故紛争処理センター　http://www.jcstad.or.jp

■関連法規
- 国家賠償法第2条(公の営造物の設置管理の瑕疵)

7章 施設(敷地)内での犯罪行為

包丁を持って入館してきた人にどのように対処しますか？ 小学生の女児が痴漢にあったと訴えてきたらどうしますか？ 誰でもが気軽に利用することができる図書館では、一方で盗難や不法投棄、痴漢、暴力行為など、世の中で発生している犯罪行為が発生しています。

利用者の持ち物の盗難・置き引き
◉パソコン・携帯電話・財布・鍵・貴重品など

➡図書館備品の盗難 (p.134)

対処　図書館でできること

- 紛失した物品,時間,場所,状況等を詳しく聞く。
- 紛失した場所の周辺を一緒に探す。
- 警察に盗難届を出すかどうかは被害者が決める。
- カード類は他人の使用を防ぐため停止の手続きをとってもらう。
- 物が出てきたときのために,被害者の連絡先を聞いておく。
- 管理責任者(館長)に報告する。
- 処理が終わった段階で事故(事件)報告書を作成する。
- 今後発生しないよう,貼り紙や放送で周知する。

ポイント

- 盗難・置き引き発生時の行動・対処方法を検討し,マニュアルを作成する。
- 荷物の放置は盗難につながるおそれがある。
- 利用者が警察に被害届を出せば捜査(事情聴取,防犯カメラの画像提出等)が行われる。
- 「図書館は安全」と考えている利用者が多いので,その先入観を払しょくする。
- 財布の場合,現金のみ抜き取られ,他は捨てられるケースがあるため,トイレ,ごみ箱,ブックポスト,植え込み等を確認する。

予防／備え

- あいさつの励行(犯罪を抑止する効果がある)。
- 日常的に注意を呼びかける放送・ポスター掲示を行う。
  - 例「盗難が発生しております。荷物は必ずロッカーに入れるか,身につけて移動してください」

- 座席使用のルールを決めて明示する。
  - 例「盗難が発生しています。私物を机の上に放置して席を離れることはおやめください」
- できる限り死角をつくらず見通しをよくするよう心がける。
- 図書館内の死角・人気のない所を把握し、重点的に巡回する。
- 「盗難」にあった事例や盗難後の手続き(被害届)などを利用者に知らせる。
- 図書館で発生した盗難の新聞記事を掲示する。
- 周辺の図書館・施設等との事例(手口の情報)共有(同時期に複数館で起きている場合もある)。
- 館内の巡回を強化する。

こんなときにはどうするの?　〜考えておきたいこと

- 「あの人が盗んだと思う」と利用者が言ってきた場合どうしますか?

■参考文献
- 鑓水三千男,中沢孝之,津森康之介『図書館があぶない! 運営編』エルアイユー, 2005, p.152, 156
- 鑓水三千男『図書館と法 図書館の諸問題への法的アプローチ』日本図書館協会, 2009 (JLA図書館実践シリーズ12), p.247

■関連法規
- 刑法第235条(窃盗罪)
  *最初から窃盗目的で図書館に入館した場合には、刑法第130条の住居等侵入罪は牽連犯として処理され、単独で罪に問われることはありません。牽連犯とは、犯罪の手段もしくは結果である行為が他の罪名に触れる場合をいいます。たとえば、窃盗目的で建物に侵入した場合の窃盗犯と住居等侵入罪やナイフで人を刺した場合における殺人未遂罪と器物損壊罪(衣服を損傷した場合)との関係など。刑法第54条第1項後段の規定により、その最も重い罪により処断されることとなります。

痴漢行為を発見，通報を受けた

- ●"のぞき"行為
- ●携帯端末の使用による盗撮
- ●露出

対処　図書館でできること

- 被害者の安全を最優先し，保護する(同性が対応)。

◆加害者を見つけた場合

- 警察(110番)に通報。引き渡すときに状況を説明する。
- 被害者と加害者は別室にして，警察官の到着を待つ。
- 加害者に対しては毅然とした対応をする(複数で対応)。
- 通報をうのみにせず事実を確認する(目撃者など複数の情報で確認)。
- 加害者にはカメラや携帯電話は机の上に置いてもらい，触れないように伝える。
- 加害者が逃げないようにする。
  逃走した場合は深追いせず，加害者の特徴や車の車種，ナンバーを記憶することに努める。
- 被害届を出すか出さないかは，被害者に判断してもらう。
- 被害者は警察官に付き添ってもらい帰宅させるようにする。
- 事故(事件)報告書の作成。

◆加害者が逃走した場合

- 加害者の特徴や車の車種，ナンバーを記憶することに努める。
- 被害者から状況を聴取する。
- 警察(110番)に通報。
- 被害届を出すか出さないかは，被害者に判断してもらう。
- 家族等に迎えにきてもらう(いない場合は職員や警察官が自宅等に送り届ける)。

ポイント

- 痴漢は犯罪であるが，誤認すれば人権侵害となる。
- 被害者が話しやすい環境づくり(状況に応じて，家族や友人を呼ぶ)。
- 客観的な立場で状況を把握する。
- 図書館内の利用者にも状況(概要)を知らせる。
  - 例「盗撮が発生しました。不審な人物を見かけた方は職員にお知らせください」
- 被害届を出すか出さないかは，被害者が判断(被害届は後日でも出せる)。
- 被害者を帰すときは慎重に(警察官に自宅まで送ってもらう等)。
- 加害者を深追いしない。
- 周辺の図書館や施設等でも同様の痴漢行為が行われている可能性があるため，他館との情報交換を行う。
- 男性が被害にあうこともある。
- 被害者のプライバシーを守る。

> ■痴漢の手口
> ・トイレの上部，下部からカメラで撮影
> ・下半身露出
> ・女性の隣に座り，身体を触る
> ・障がい者やケガ人を装い「手が使えないのでトイレに一緒に行ってほしい，介助してほしい」と言う
> ・階段やエスカレーター，書棚の間，机の下からスカートの中をのぞく，カメラで撮影する

予防／備え

- 来館者へのあいさつ，声かけ(犯罪を抑止する効果がある)。
- 図書館内外やトイレの美化(花，ポスター，改装)。
- 図書館職員もしくは警備員が巡回する。
- 注意喚起のポスター「盗撮に注意！」等の作成。
- 館内での撮影を禁止する。
- 館内の死角を洗い出し，改善。
- トイレでは隠しカメラをセットしやすい用具入れ，天井，芳香剤，汚物入れなども定期的に確認。

- 閲覧席の下部からの盗撮も考えられるため、仕切りなどの工夫を行う。

こんなときにはどうするの？　～考えておきたいこと

- 女性が慰謝料目的に男性を痴漢扱いしたらどうしますか？
- 痴漢が刃物を持っていたらどうしますか？
- 「そんなことはやっていない！人権侵害だ！」と騒ぎ立てたらどうしますか？

■参考文献
- 鑓水三千男，中沢孝之，津森康之介『図書館が危ない！　運営編』エルアイユー，2005，p.74, 86-87
- 鑓水三千男『図書館と法　図書館の諸問題への法的アプローチ』日本図書館協会，2009 (JLA 図書館実践シリーズ12)，p.220
- 東京弁護士会・両性の平等に関する委員会編集『こんなときどうする？　新版　女性のための法律相談ガイド』ぎょうせい，2009

■参考サイト
- 警視庁「痴漢は犯罪！」
  http://www.keishicho.metro.tokyo.jp/kouhoushi/no1/koramu/koramu3.htm
- 各都道府県の迷惑防止条例一覧
  http://www.geocities.co.jp/WallStreet-Stock/3870/meiwaku_jyourei/meiwaku_jyurei_menu.html

■関連法規
- 迷惑防止条例（「公衆に著しく迷惑をかける暴力的不良行為等の防止に関する条例」など）
- 軽犯罪法第1条第20号（公衆の前で尻、腿等の露出の禁止）、第23号（人の住居、浴場、トイレ等の覗きの禁止）
- 刑法第174条（公然わいせつ罪）

子どもへのわいせつ行為

- ●身体を触られる
- ●露出した下半身を見せられる
- ●わいせつな画像を見せられる

対処　図書館でできること

◆すぐに発覚した場合

- ●子どもを別室で保護する。
- ●加害者を確保した場合は，被害者と加害者を別室へ連れていき対応。
- ●被害者，加害者には複数で対応する。　＊女子被害者には同性が対応。
- ●子どもができるだけ安心できるような配慮をする。
  ＊保護者が迎えにくるまで子どもをひとりにしない。
- ●保護者を探す，連絡する。
- ●救済機関，相談窓口の案内。
- ●状況により警察(110番)に通報(保護者を呼んで判断してもらう等)。
- ●教育委員会へ報告する。
- ●保護者がいない場合，被害者を自宅等へ送り届ける(警察官と同行する)。

◆あとから発覚した場合

- ●誠意を持って対応する。
- ●状況をよく聞く。
- ●警察に被害届を出すかどうかは，被害者が判断する。
- ●現場を確認し，予防策を講ずる。➡「予防／備え」参照

ポイント

- ●子どもの安全が最優先。
- ●子どもは被害にあったことをその場ですぐに言えない。
  ＊後で子どもから相談を受けた保護者や学校から図書館に連絡が入るケースが多い。
- ●男子小・中学生が被害にあう場合もある。
- ●子どもの心のケアを最優先する。被害状況の聞き取りには十分配慮する。

- 保護者に状況の説明をする。
- 日時，状況などの記録をとっておく。
- 被害届を出すか出さないかは，被害者が判断(被害届は後日でも出せることを伝える)。

予防／備え

- 声かけ，あいさつの励行。
- 館内巡回を強化する。
- 職員も巡回を兼ねて利用者用トイレを使用する。
- 防犯カメラ，書架フロアへの鏡(防犯ミラーと姿見)の設置。
  * 防犯カメラ導入については，利用者のプライバシーに十分配慮し，導入の際には「運用規定」を定め，「防犯カメラ作動中」と掲示する必要がある。
- 館内の死角を少なくする(ミラーの設置，書架配置の工夫など)。
- トイレに防犯ブザーを設置する。
- 子どもたちが何でも話しやすい環境や職員の雰囲気をつくっておく。

こんなときにはどうするの？　～考えておきたいこと

- 館外(図書館の敷地内)で発生した場合，どうしますか？
- 事件後，マスコミの報道が過熱した場合，どうしますか？
- 子どもから「知らない人から声をかけられた」と相談を受けたらどうしますか？

■参考文献
- 鑓水三千男，中沢孝之，津森康之介『図書館があぶない！　運営編』エルアイユー，2005, p.77, 81
- 八木修司，岡本正子『性的虐待を受けた子ども・性的問題行動を示す子どもへの支援　児童福祉施設における生活支援と心理・医療的ケア』明石書店，2012

■参考サイト
- 警視庁＞安全な暮らし＞防犯チェックポイント「防犯チェックポイント～こどもを犯罪から守るために～」http://www.keishicho.metro.tokyo.jp/seian/bouhan/yuukai/uukai.htm

■関連法規
- 刑法第174条(公然わいせつ罪)，第176条(強制わいせつ罪)

凶器を持って入館

◉刃物・鉄棒などの危険物の所持

➡負傷者が出た場合は「急病・ケガ・意識不明・急死」(p.104)

対　処　図書館でできること

◆**刃物・鉄棒などの危険物になりうるものを持って入館する人を見かけた場合**
- いきなり注意するのではなく，あいさつなどから落ち着いて静かに声をかける。
  *相手を刺激しないように，落ち着いた態度で話をする。
- 危険物を持って入館することは禁止であることを，やわらかく説明する。
- 複数の職員で対応する。
- ロッカーを利用してもらうか，カウンターで預かる。
- まわりには他の利用者がいることを念頭において対応する。
- 利用者と職員の安全確保が第一。
- 危険を感じたら警察(110番)へ通報する。
- 処理が終わった段階で事故(事件)記録を作成する。

◆**刃物・鉄棒などの危険物を持って襲ってきたり暴れたりした場合**
- 警察(110番)に通報する。
- 警察官が到着するまで加害者を監視する。
- 相手を刺激せず，利用者の安全を確認し職員も避難する。
- やむを得ない場合：さすまた，ブックトラック，会議用長机(キャスター付き)，パイプ椅子などの備品類で身を守りながら，安全の範囲で他への危害が加わらない程度に複数で応戦する。
- 利用者に危険を知らせ，避難誘導する。
- 利用者(被害者)にケガがないか確認する。
- 加害者が逃走した場合，無理に追いかけない。
  *加害者の特徴，逃走した方向，車のナンバーなどはできる限り記録する。
- 警察官が到着したら状況を説明する。
- 教育委員会や自治体へ報告する。
- 処理が終わった段階で事故(事件)報告書を作成する。

ポイント

- 利用者,職員の安全を第一に考える。
- 複数の職員で対応する。
- 職員は,危険物になりうるものの所持を見かけたときには,見て見ぬ振りをせず声をかける。
- 周囲の職員や(場合によっては)利用者の協力を求める。
- 状況が悪化しないよう努める。
- 図書館の立地を確認する。近くに保育園,幼稚園,学校,高齢者施設,病院等がある場合,緊急事態を知らせる連絡方法を確立しておく。

予防／備え

- フロアワークでのあいさつ,声かけの実施。
- 図書館としての姿勢・方針を明示する。
- 防犯ブザー(警笛)を持つ。
- 通報訓練の実施。通報の際の手順を用意する。
- 制止などの声出し練習。
  - 例「何をしているんですか」「やめなさい」
- 護身術の研修や防犯研修の受講。
  - ＊闘うことはできなくても,とっさの心がまえを持つことができる。
  - ＊さすまたの使用は練習が必要。使い方に慣れないと不必要に相手を刺激するだけで状況を悪化させてしまうことがある。
- 図書館内にできる限り死角をつくらず見通しをよくするよう心がける。
- 館内の死角・人気のない所を把握する。
- 館内巡回の強化。

こんなときにはどうするの？ ～考えておきたいこと

- 図書館外(駐車場,入口付近,隣接する公園等)で刃物・鉄棒などの危険物を持った人がいる,または暴れていると通報があった場合,どうしますか？
- 人質をとるなどして図書館に立てこもられた場合,どうしますか？

- 利用者から，はさみやカッターを貸してほしいと言われた場合，どうしますか？
- 利用者が閲覧席ではさみやカッターを使用し，図書館の資料を切り取っていた場合，どうしますか？

■参考文献
- 鑓水三千男『図書館と法　図書館の諸問題への法的アプローチ』日本図書館協会，2009（JLA図書館実践シリーズ12），p.216

■関連法規
- 銃砲刀剣類所持取締法第22条
- 刑法第130条（住居等侵入罪）
- 刑法第220条（逮捕監禁罪）
  ＊図書館職員や利用者を人質にとった場合に適用。
- 軽犯罪法第1条第2号（正当な理由なく刃物，鉄棒等を隠して携帯することの禁止）

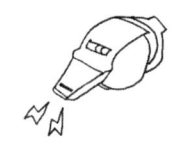

一方的な暴力行為

◉「物を投げつけられた」「なぐられた」と通報があったとき

➡けんか (p.47)

対　処　図書館でできること

- 利用者を安全な場所へ避難させる。
- 中止させる。中止しない場合は警察(110番)に通報することを告げる。
  ＊警備員がいる場合は警備員を呼ぶ。
- 被害者にケガがないか確認する。
- 器物損壊の場合は弁償・訴訟などの対処を考える。

➡負傷者が出た場合は「急病・ケガ・意識不明・急死」(p.104)

ポイント

- 複数の職員で対処する。利用者の中からともに対応する人が出ることや，協力を呼びかけることも念頭におく。
- 物的被害よりも，人的被害を出さないことを第一に考える。
- 物を投げる行動がエスカレートしないように注意する。
- 深刻なときは警察(110番)へ。その際，被害状況を維持，撮影する。
- 館内での不審な行動や複数の利用者から申告があったときには，職員による声かけや警告を行う。

予防／備え

- はさみやホッチキス，セロテープ台など，投げられると危険なものはカウンター上などの利用者の目につくところ，手の届くところには置かない。
- さすまた，盾になるものの用意。

こんなときにはどうするの？ 〜考えておきたいこと

- カウンターで本を投げつけられたら，どうしますか？
- 血だらけの利用者が「男が一方的になぐりかかってきた」と駆けこんできたら，どうしますか？
- 被害者が子どもの場合どうしますか？

■参考文献
- 山本宣親「図書館における暴力とその対応」『現代の図書館』40(2)，2002，p.79-84
- 鑓水三千男，中沢孝之，津森康之介『図書館があぶない！　運営編』エルアイユー，2005，p.52
- 鑓水三千男『図書館と法　図書館の諸問題への法的アプローチ』日本図書館協会，2009 (JLA図書館実践シリーズ 12)，p.216

■関連法規
- 刑法第 204 条 (傷害罪)，刑法第 208 条 (暴行罪)
- 刑法第 261 条 (器物損壊罪)
  ＊投げたものが行為者以外の所有物 (図書館資料である場合を含む) であった場合で，投げた行為により当該物が損壊した場合に適用されます。
- 図書館利用規則 (損害賠償に係る規定)
- 民法第 709 条 (不法行為による損害賠償)，第 714 条 (責任無能力者の監督義務者等の責任)
  ＊投げたものが図書館資料であった場合で，損壊したときは，損害の賠償を求めるべきことになります。
- 民法第 818 条 (親権者)，第 820 条 (監護及び教育の権利義務)
  ＊行為者が未成年の場合に適用。

薬物の使用

◉違法な薬物を館内で使用していた場合
◉違法な薬物を使用したと思われる人物の来館

対処　図書館でできること

- 複数の職員で薬物使用者へ声をかけ，可能ならば別室へ誘導する。
- 緊急時は安全を最優先し，利用者を避難させる(職員も避難する)。
- 警察(110番)へ通報する。

ポイント

- 図書館内の状況を把握する(職員数，利用者数)。
- 周囲の利用者と職員の安全を第一に考える。
- 凶器を所持している可能性を念頭におく。
- 相手をことさらに刺激しない。
- 複数の職員で対応する。
- 深追いせずに警察へ連絡する。

予防／備え

- 違法な薬物の人体への影響に関する資料展示などをして，利用者の意識を高める。
- 警備会社の監視や警察の巡回依頼なども考える。
- 死角や人気のない場所を把握する。
- 様子がおかしい人を見つけたらあいさつをするなど，声をかける。
- 薬物乱用による症状を知る。
- 薬物取引の場にならないよう，あいさつ，館内巡回を強化する。

こんなときにはどうするの？ 〜考えておきたいこと

- 利用者がすでに正気を失っていたらどうしますか？
- 不審物の受け渡しをしている利用者を見つけたらどうしますか？
- 薬物を使用した人が刃物を持っていたらどうしますか？
- 大麻所持で逮捕された人物が，「栽培方法は図書館の本で学んだ」と供述しており，警察の事情聴取が図書館でありました。どのように対処しますか？

■関連法規
- 各図書館利用規則（立法例）
    第〇条　館長は，次の各号のいずれかに該当する者に対しては，入館を禁じ，又は退館を命ずることができる。
    (1) 館内の秩序を乱し，又は他人に迷惑を及ぼした者
    (2) その他館長の指示に従わない者
- 刑法第130条（住宅等侵入罪）
    ＊薬物を使用するために図書館に入館した場合を想定。
- 覚せい剤取締法第14条（覚せい剤の所持の禁止），第19条（覚せい剤の使用の禁止）
- 大麻取締法第3条（大麻の原則的所持・栽培等の禁止），第4条（禁止行為）
- 麻薬及び向精神薬取締法第12条（禁止行為）
- 毒物及び劇物取締法第3条〜第3条の4（毒物・劇物に係る禁止規定）
    ＊毒物・劇物は同法の別表第1から第3までに掲げてありますが，特に興奮，幻覚または麻酔の作用を有する毒物または劇物で政令で定めるものの摂取・吸引・所持は，同法第3条の3で禁止されています。その対象となるのが具体的には，トルエンまたはメタノールを含有するシンナー，接着剤，塗料等です。

図書館備品の盗難

- ●トイレットペーパー／せっけん
- ●業務用パソコン等
- ●利用者用パソコン・プリンター・マウスパット・AV機器・消火器など

対処　図書館でできること

- 被害の記録を残す(写真・場所)。
- 警察(110番)への通報。

ポイント

- 盗難は犯罪なので厳格な対応が必要。
- パソコンの盗難は特に要注意。
- 人の目が届かないところで多く発生する。
- 盗られそうなものは写真に撮っておく。
  　＊被害届を出すときや報告書を書く際に役立つ。
- 事務室だから大丈夫という油断はしない。
- 盗難保険の適用は警察への被害届が必要。

予防／備え

- あいさつ，声かけの励行。
- 巡回の強化，備品などの確認。
- 巡回を兼ねた利用者トイレの職員の使用。
- 清潔に保つ(花を生ける，掃除の徹底，ごみ箱の美化)。
- 簡単に盗まれないように工夫をする。
  　例 パソコンをワイヤーでつなぐ，データを暗号化する，盗られやすい固形せっけんを液体せっけんに変更，トイレットペーパー・ホルダーなどを盗まれにくいものに変更。
- トイレットペーパーは余分に置かず，見回りの際に補充する。
- 事務室が無人になる場合は鍵をかける。
- 夜間・閉館時などはセキュリティシステムを導入する。

- 端末自体には極力個人情報等を保存しない(サーバに保存)。
- その日に出入りする業者の情報を職員間で共有。
- 備品に図書館名を明記。
- 盗難防止の掲示。
  - 例 「職員が巡回しています」「防犯カメラ作動中／防犯カメラを設置しています」
    「この施設の使用量を把握しており，現在1か月のトイレットペーパー使用量を超えています」
- 盗難保険に入る。

こんなときにはどうするの？　〜考えておきたいこと

- 窃盗犯が事務所に出入りする業者を装っていたら，どうしますか？

■参考文献
- 鑓水三千男，中沢孝之，津森康之介『図書館があぶない！ 運営編』エルアイユー，2005, p.148，158
- 鑓水三千男『図書館と法　図書館の諸問題への法的アプローチ』日本図書館協会，2009（JLA図書館実践シリーズ12），p.247
- 清水賢二，清水菜穂『犯罪者はどこに目をつけているか』新潮社，2012
- 小宮信夫『犯罪は予測できる』新潮社，2013

■参考サイト
- 日本防犯設備協会「ホームセキュリティガイド」　http://www.ssaj.or.jp/hmsecurity/

■関連法規
- 刑法第235条（窃盗罪）

盗難資料の売却

➡資料の無断持ち出し (p.23)

対処　図書館でできること

- 盗難品を店頭，ネットオークションなどで発見したときは，盗難品であることを伝え資料の回収に努める。
- 警察(110番)に届ける。

ポイント

- 古書店，新古書店などに図書館資料の持ち込みがあった場合，連絡体制の確立をはかる。
- 図書館のリサイクル本(除籍本)は，盗難本との区別がつくように，シールを貼るなどして，一目でわかるようにする。

予防／備え

- 資料に図書館名印を押す。
- 虚偽登録による貸出は，「無断持ち出し」と同様に刑法に触れる「犯罪」であることを，住民・利用者に明示。告発対象であることもあわせて明示する。
- 来館者へのあいさつ，声かけの励行(犯罪を抑止する効果がある)。
- 無断持ち出しや転売が容易にできないよう，書架の配置の変更や職員による施錠の確認，図書館資料と一目でわかる押印等を行う。

こんなときにはどうするの？　～考えておきたいこと

- 古書店の客から図書館の本が販売されていると連絡があった場合，どうしますか？

■参考文献
- 鑓水三千男，中沢孝之，津森康之介『図書館があぶない！　運営編』エルアイユー，2005，p.130
- 「図書館の本45冊，窃盗転売に実刑　地裁判決」朝日新聞，2012.3.15 朝刊　長崎
- 「図書館本を窃盗の61歳に有罪　山口地裁」朝日新聞，2012.10.31 朝刊　山口・1地方

■関連法規
- 刑法第235条（窃盗罪）
- 古物営業法第15条

開館時間延長によるセキュリティの問題

◉24時間開館になった場合など
◉夜間開館の実施

対処　図書館でできること

- 危機管理上，警備員の常駐，防犯システム，入退館システムの導入を検討する。

ポイント

図書館の24時間開館は，大学図書館を中心に主に医学系，看護系の大学図書館で行われている。実施にあたり，下記の点を注意する必要がある。
- 無人の場合，カウンター付近の金銭や荷物，個人情報に注意する。
- 光熱費，人件費など，どれだけのコスト増になるかを把握。
- 安易に24時間開館を推進するよりも，地域の生活時間や職業構成を考える。
- 夜間にトラブルが発生した際のマニュアルや連絡網の拡充。
- 職員の通勤時間や通勤方法に十分配慮する。
- 非来館型サービス（電子媒体等）もあわせて推進する。

予防／備え

- 防犯ブザーなどの携帯，館内にSOSボタンの設置。
- 利用空間・フロアの制限。
- 警備員の常駐。
- 夜間・早朝は女性のみの勤務シフトを組まない。

こんなときにはどうするの？　〜考えておきたいこと

- 夜間開館利用で，終電を逃した利用者が多くなってしまった場合どうしますか？

開いててよかった!?　24時間開館

　多くの利用者から図書館の24時間開館が要望されます。最も有名な図書館は，国際教養大学図書館や山口県萩市須佐図書館ではないでしょうか。この他にも，医学系の大学図書館を中心に一部の国立大学図書館，さらには試行的に期間を限定する図書館をはじめ，図書館隣接の学習室，大学内の一部施設(ラウンジ等)を24時間開放する場合などがあります。しかし，危機管理上の問題はないのでしょうか？

　24時間開館を行う図書館の報告から，課題としてたとえば次の点が挙げられます。

> セキュリティの確保，長時間の座席の占有，座席数の不足，飲食の横行，ごみの不始末，大声で騒ぐ，図書館資料の放置，パソコンの不正使用，飲食(休憩)コーナーの確保，空調等のコストの増加

　そして，これらの対応のため，多くの図書館では次のような対応(機器類の設置，マナー啓発等)が行われています。

> 入館システムと連動した防犯カメラ(録画機能付き)の導入，防犯カメラの増設，非常用電話の設置，警備員の巡回(常駐)，カウンターにシャッターや立入禁止ロープの設置，利用マニュアルの配布，利用マナーポスターの掲示，ガイダンスの実施，ペナルティの設定，警備員の定期巡回

　しかし，無人の図書館カウンター内に入り込み寝転がるなど，学生の著しいマナーの低下により24時間開館の実施期間をギリギリまで削減したA大学図書館，24時間開館の利用者調査より，必要な条件として安全面への要望が最も多かったものの，学生は24時間開館を必要とし，教員側は必要性を感じていないという結果から24時間開館の代替案を分析したB大学図書館，持続可能な自学自習の推進とセキュリティの問題を抜本的に解決できず利用者を危険にさらすことを回避するため24時間開館を中止したC大学図書館などがあります。

　それではなぜ図書館の24時間開館は必要なのでしょうか？　なぜ実施しているのでしょうか？　単に直前のレポート作成や試験勉強の場として，必要なときに「開いててよかった!」という利用者が安心感を得ることのみが目的でしょうか？　24時間開館を実施し，持続的に運用するためには，地域社会の環境を踏まえつつ，高等教育機関・社会教育機関における図書館の使命・役割も考え，その目的を明確にすることが必要です。

引用・参考文献

- 琉球大学附属図書館医学分館『琉球大学附属図書館医学分館 24 時間開館の需要と実施要件および代案について　学生・医員・教員に対するアンケート調査報告書』〔2004〕
http://manwe.lib.u-ryukyu.ac.jp/library/digia/jikoten4/jikoten-san10.pdf
- 中村昌弘「24 時間開館」『医学図書館』48(4)，2001，p.344-349
- 加藤小百合「10 年目を迎えた東海大学附属伊勢原図書館の 24 時間開館」『医学図書館』51(2)，2004，p.141-146
- 江山規子「24 時間開館図書館のサービスと意義」『みんなの図書館』2006 年 10 月号，p.15-21
- 中川真規子，福井ともえ「東海大学附属図書館伊勢原図書館の 24 時間開館のその後」『医学図書館』55(2)，2008，p.151-155
- 菅修一ほか「滋賀医科大学附属図書館における 24 時間開館」『医学図書館』55(2)，2008，p.145-150
- 柴田正良「自然科学系図書館の特別開館（24 時間利用）の中止について（持続可能な「自学学習」の確立に向けて）」『こだま：金沢大学附属図書館報』167，2009，p.2-3
- 野村洋子「金沢大学自然科学系図書館の 24 時間利用中止について」『大学の図書館』28(3)，2009，p.37-38

8章 施設(敷地)内でのトラブル

大型の家電製品が図書館の敷地に捨てられていたらどうしますか？ 動物や虫が図書館内に侵入してきたらどう対応しますか？ 図書館内で発生するさまざまなトラブルを紹介しています。利用者に危機が及ばないようにしていくことに加え、防止策を考えることも求められます。また、起こしてはならない戦争の事例もここに収めています。戦争はすべてを破壊します。悲劇を起こさない努力が必要になります。

遺失物

◉忘れ物（文房具・現金・貴重品・携帯電話）

対処　図書館でできること

- 忘れ物であることが明確な場合，職員が複数で忘れ物を調べ所有者の特定をする。
  ＊いつ，どこで拾得されたか記録をとっておく。
- 所有者がわかれば連絡する。
  所有者が取りに来た場合，名前・電話番号などを記載してもらい受領の証とする。
  ＊本人確認できるものを持参してもらう。
- 忘れ物を一時保管する。
  ＊現金，貴重品の場合は，館長・管理者に報告し，拾得者がすみやかに警察へ届け出る。

ポイント

- 拾得物管理台帳の作成。
- 忘れ物の扱い（保管）についての明示。
- 「利用者が現金や財布を拾った場合」の姿勢・方針を定めておく。
  - 例　落とし主が見つかった場合の謝礼のことなどがあるので，図書館で預からず発見者本人に交番などへ直接届け出てもらう。
  - 例　図書館内のすべての忘れ物は，次の日の朝に事務室・警備室へ，大学図書館では学生課などへ預ける。
- 「図書館で落とした，忘れ物をした」という利用者には，遺失物の特徴などと本人の名前・連絡先などを紛失物管理台帳に記載してもらい，警察に届出を促す（後日，図書館で見つかった場合は本人に連絡する）。
- 複合施設，大学などの場合，他の部署での忘れ物の取り扱いを把握しておく。
- むやみに財布の中を確認したり，バッグの中を開けたりしない。

予防／備え

- 閉館時のアナウンス，閲覧机上の掲示などで忘れ物がないように注意する。
  例「お忘れ物のないようにご注意ください」

こんなときにはどうするの？　～考えておきたいこと

- 財布の中身が抜き取られていると言われたとき，どうしますか？
- なまもの(生鮮食品等)の忘れ物が届けられました。どうしますか？
- 近隣施設に捨てられていたものが，図書館に届けられたときどうしますか？

■参考文献
- 田諦原案，日経レストラン編集部原作，石川森彦絵「忘れ物の扱いが評判を左右する」『日経レストラン』2012.2，p.37-44

■関連法規
- 遺失物法第4条(拾得者の義務)，第13条(施設占有者の義務等)，第14条(書面の交付)，第15条(施設占有者の留意事項)

不審物の放置

- ●不審物がロッカーに放置してある
- ●ブックポストに不審物が投入されている

対処　図書館でできること

- ●決して触らずそのままの状態で，時間，場所，形状などを詳細に警察(110番)へ通報。
- ●周囲を立入禁止措置にする。
- ●利用者に状況を周知し(館内アナウンス等)，安全な場所への避難誘導。
- ●状況により臨時休館。

ポイント

- ●不審物とは，中身がわからなくて，所有者不明の荷物や物品である。
- ●安易に判断せず，決して触らない。
- ●利用者および職員の命を守ることを最優先に行動する。

予防／備え

- ●不審物を放置しにくく，発見しやすい環境をつくる。
- ●利用者に，日頃から手荷物の放置をしないよう呼びかける。
- ●ロッカーや読書席への一定時間を超えて放置された手荷物の回収。
  *回収の際は貴重品も含まれている場合もあるので，取り扱いには注意をし，複数で行う。
- ●不審物への注意を喚起するポスター掲示や印刷物の配布。
  例「不審物を発見した場合，みなさんの安全確保のため警察へ通報します」
  「不審物がありましたら，手を触れず職員までお知らせください」等

こんなときにはどうするの？ 〜考えておきたいこと

- 爆弾を仕掛けた旨の電話やメール，手紙があった場合，どうしますか？

■参考文献
- 東京都教育委員会「不審物等への対応マニュアル」『学校危機管理マニュアル』第4編　資料　資料2-11 (p.197)
  http://www.kyoiku.metro.tokyo.jp/buka/soumu/kikikanri.htm

■関連法規
- 廃棄物の処理及び清掃に関する法律第16条（投棄禁止）
- 刑法第233条（偽計業務妨害罪）
  ＊図書館の業務の遂行を妨害する意図で不審物を置いたとするならば，偽計業務妨害罪が成立します。特に，電話等で爆弾を仕掛けた旨のメールや電話があれば，この罪に該当することになります。

家庭ごみなどの廃棄および放置物

- ●家庭ごみ，紙おむつなどが館内で投棄される
- ●放置物（自転車・自動車・家電・衣類など）

対　処　図書館でできること

- ●投棄を目撃した場合，持ち帰らせる。
- ●利用の妨げになる場合，ごみなどをいったん移動することも考える。
- ●不法投棄の場合は各自治体の取り決めに従い，関係機関と協議する。
- ●放置物（自転車・自動車・家電・衣類など）によっては所有者の掌握をする。
   ＊自転車やバイク，自動車などは盗難の場合があるので防犯登録番号，ナンバーを控えて警察に通報する。
- ●所有者が不明の場合は，その場所に貼り紙をして別の場所に保管する。
   例「この場所にあった○○は△△でお預かりしています。□月□日までにお申し出のない場合は警察署に引き渡します」
- ●現金，高価と思われるものは，警察に届ける。
- ●悪質と思われる投棄や放置，中身がわからない場合は警察（110番）に通報する。

ポイント

- ●ただの忘れ物ということもありうる。
- ●不法投棄を許すと，エスカレートしていくので迅速な対応を心がける。
- ●危険なものが置かれている可能性もある。
- ●不審物の場合，利用者の安全確保を最優先する。
- ●火災の発生や続けて投棄されるおそれがあるので，長期間放置しない。

予防／備え

- ●図書館内外の美化を心がける。
- ●ごみ箱を目の届くところに設置し，こまめに中を片づける。
- ●ごみ処分のルールを職員が把握（各自治体によって異なるため）。

- 警察に巡回の依頼。
- 図書館としての姿勢・方針を館内・駐車場・駐輪場・投棄された場所などに掲示する。
  例「ここに物を捨てないでください」「ここはごみ捨て場ではありません」

こんなときにはどうするの？　〜考えておきたいこと

- 家電製品が図書館の前に放置されていたらどうしますか？

■関連法規
- 軽犯罪法第1条第27号（ゴミ，鳥獣の死体その他の汚物の投棄禁止）
- 廃棄物の処理及び清掃に関する法律第16条（投棄禁止）

動物の放置・遺棄

- ◉捨て犬・猫・鳥
- ◉迷い犬・猫・鳥
- ◉敷地内に動物の死体

対処　図書館でできること

- 素手では触らない。
- 各自治体の担当部署へ連絡をする。　　＊生死によって異なる。
  - 例 生体：自治体担当部署，警察または保健所へ連絡し相談する。
    　死体：清掃事務所。虐待を受けている等，状況により警察(110番)へ通報。
- 利用者の利用を妨げないように注意する。死体の場合は，担当部署に引き継ぐまで布や箱で隠しておく。
- 弱っている野鳥の場合，原則は放置。愛護センターや自治体の鳥獣保護に関する担当部署に連絡する。

ポイント

- 各自治体の担当部署を整理し，確認しておく。
- 野鳥の場合，窓などに当たり，気を失っているだけで数時間後に飛び立つこともある。
- 動物愛護の精神を持つ。

予防／備え

- 図書館外の美化(花を植える，植木の剪定をする)など行うほか，死角をなくす。
- 図書館周辺の掃除や巡回など，館外にも常に図書館職員がいることを印象づける。
- 捨て犬や捨て猫が頻繁に起きないよう，巡回や貼り紙をする。
- 動物の扱いについて，獣医師などからあらかじめ指導を受けておく。

こんなときにはどうするの？ 〜考えておきたいこと

- 職員，または利用者が保護したいと申し出た場合どうしますか？
- 近隣に動物保護団体がある場合，相談や連絡をしますか？
- 子どもが，野鳥・猫・犬を拾い，救助を求めてきた場合どうしますか？

■関連法規

- 動物の愛護及び管理に関する法律第 7 条 (動物の所有者又は占有者の責務等)，第 36 条 (負傷動物等の発見者の通報義務)
- 軽犯罪法第 1 条第 27 号 (ゴミ，鳥獣の死体その他の汚物の投棄禁止)
- 廃棄物の処理及び清掃に関する法律第 16 条 (投棄禁止)

動物の侵入

●犬・猫・鳥・蛇・猿・鹿・熊　など

➡ペットを連れての来館 (p.41)
➡害虫・昆虫の侵入 (p.153)

対　処　図書館でできること

- 小動物の場合は，捕獲するかドアや窓などを開け，逃がすようにする。
- 利用者に危険が及ぶ場合は，ただちに避難させ，自治体，警察・消防署に通報する。
  - 例「ただ今，館内に○○が侵入しました。危険ですので近寄らないようにご注意ください。なお，警察官がこちらに向かっていますので，その間○○を刺激しないようご協力をお願いします」
- 人間に被害が及び負傷した場合は，救急車の出動を要請する。その場合，負傷の状況を伝える。　＊毒蛇の場合は詳細に。
- 臨時休館の措置も検討する。
- ブックトラック，さすまた等で追い込み，できる範囲で捕獲する。

ポイント

- 利用者の安全を最優先する。
- 動物を刺激しない。
- 侵入が予想される動物は，図書館周辺の環境により異なる。
- 餌付けしない。
- 素手で触らない。
- 館内の巡回や清掃を頻繁に行い，動物がいないか，巣がないかを確認する。書庫，物かげ，屋根裏等に侵入している場合もある。

予防／備え

- 館内放送用の文例や利用者の誘導手順をあらかじめ用意しておく。
- 虫や小鳥などが入らないような設備対策（網戸，動物除けの鈴の設置など）。

- 応急手当てができる救急箱を備える。
- 動物が寄ってこないよう，ごみはできるだけごみ収集日の直前に出す。

こんなときにはどうするの？ 〜考えておきたいこと

- 侵入してきた生き物が興奮した状態だったらどうしますか？

■参考文献
- ジョン・ワイズマン，高橋和弘，友清仁訳『最新SASサバイバル・ハンドブック』並木書房，2009
- 山谷茉樹『危険から身を守る本 日常生活編』創元社，2010

■参考サイト
- 「サバイバルNOTE〜生き残るための知識」 http://www.survivalnote.com

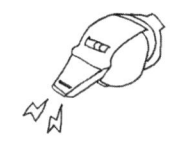

🌱 カモシカ図書館

　2008年7月3日14時頃，正面玄関の自動ドアが開いて入ってきた来館者に職員はビックリしました。たまたま，それは国の天然記念物のニホンカモシカ(写真)。外でその様子を目撃した職員は「来館が当たり前のように悠々と入館した」と述べています。富山県舟橋村図書館での出来事です。テレビや本，写真で見る分には愛らしいその姿も，実際に目の前を横切れば大型犬よりも大きく，動きもすばしっこく，暴れることもあって，素手で捕えることは不可能です。

　職員は図書館に常備していたさすまたやブックトラックを使って，入館したことに慌てふためく(？)カモシカをなんとか追い込み，最終的には獣医師が麻酔を使い捕獲し山に放しました。舟橋村は富山市に隣接し民家や商店もあり，決して山間部ではありません。当時は高校生も10人ほどが利用していました。そのような地域にあっても，野生動物の来館という前代未聞の事態が起こります。今回はニホンカモシカで，人に危害を加えることはありませんでした。しかし，これがクマやイノシシ，サルだったらどうでしょう。人の命にかかわる危険な状況になります。猟友会に依頼して駆除(射殺)してもらうことになるかもしれません。

　別の事例ですが，住宅街にニホンカモシカが出たとき，担当の職員がおらず，代わりに対応したことがあります。そのときのニホンカモシカは病気で人に向かってきました。かわいいとかおとなしいでは済まない，そこが野生動物の恐ろしいところです。住宅が多いから，人が大勢いる所だからと言っても，どんな野生動物がやってくるかわかりません。「野生動物の来館などない」などと思わず，「動物はやってくる」という意識をもって日々過ごしてください。

　ニホンカモシカが来館した舟橋村の図書館では，カモシカが残した汚れをノロウイルス対応キットでふき取り(野生動物はダニなども多く，麻酔をかけられたため汚物もあったようです)，通常の業務に戻りました。その後『かもしか図書館』(魚瀬ゆう子，水上悦子，桂書房，2009)という絵本を出版しています。マスコミの取材も多く，対応に追われたそうです。

害虫・昆虫の侵入

●蜂・ハエ・蚊・毛虫・ゴキブリなど

→動物の侵入 (p.151)

対処 図書館でできること

- 追い出しや退治することに努める。
- 利用者が蜂や毒虫に刺された場合，応急処置して消防(119番)通報か，病院などに連絡し連れて行く。

ポイント

- 館内に侵入した場合，利用者が過剰反応しないよう平静に対処する。特に児童の場合は騒ぎ立てることが多いので注意する。
- 負傷者が出たときのために，病院の連絡先をすぐに調べられるようにしておく(特に休日，夜間)。
- 薬剤散布による対策には，化学物質過敏症やアレルギーのある人のことも考慮する。
- 蜂の巣の場合は，自治体の担当部署に連絡し相談する(駆除法や業者を紹介してもらう)。
  *巣が大きくならないうちに処理をする。防護服など駆除用品を自治体で貸し出している場合もあり，自分たちで駆除することもある。
- 担当部署との情報交換(まれに害虫が大量発生している場合があるため)。

予防／備え

- 網戸などを設置し，館内に侵入しない対策をとる。
- 施設内および周辺に薬剤散布を行うほか，捕獲器を置く。
- 周辺環境によっては誘蛾灯の設置も効果がある。
- 虫の発生を防ぐため，ごみ箱や側溝を衛生的に保つ。
- 清掃の徹底。
- 年に1回は害虫駆除を行う。

- 捕虫網，ハエたたきの用意。
- 殺虫剤，防虫剤，医薬品などの用意。

こんなときにはどうするの？　〜考えておきたいこと

- ペットとして飼育している昆虫や蛇などを利用者が持ち込んだ場合，どうしますか？
- ヤスデ，カメムシ，毛虫等が大量発生したらどうしますか？
- 図書館の側溝からセアカゴケグモのような外来の毒グモが発見された場合，どうしますか？
- 蚊を媒介にした感染症の発生源が図書館周辺だった場合どうしますか？
  ➡「感染症の発生」(p.107)

■参考文献
- エドワード・P．アドコック編集，マリー＝テレーズ・バーラモフ，ヴィルジニー・クレンプ編集協力，木部徹監修，国立国会図書館翻訳『IFLA 図書館資料の予防的保存対策の原則』日本図書館協会資料保存委員会編集企画，日本図書館協会，2003（シリーズ本を残す　9）
- 鎚水三千男，中沢孝之，津森康之介『図書館が危ない！　運営編』エルアイユー，2005，p.170

■関連法規
- 特定外来生物による生態系等に係る被害の防止に関する法律第 11 条（国による防除）
  ＊セアカゴケグモやハイイロゴケグモなどに噛まれる例が報告されています。これらの外来生物については，主務大臣がこれを防除することになりますので，発見した者は都道府県などに報告することが求められています。

駐車場の利用に関するトラブル

- ●混雑
- ●障がい者用駐車スペースの利用

対処　図書館でできること

◆駐車場の混雑(他のイベントによる混雑など)
- ●駐車場で利用車両を誘導，整理する。
- ●他の駐車場を案内する。

◆「障がい者マークのついた駐車スペースを一般の人が使用している」という苦情
- ●現状を確認する。
- ●一般の人が停めていることが確認されたら該当者に伝え，移動してもらう。
- ●館内放送で車種とナンバー，車の移動について伝える。

ポイント

- ●スペースがないからと簡単にあきらめない。周辺の駐車場の案内ができるようにする。
- ●障がい者用駐車スペースについての説明を掲示する。
- ●公共交通機関の利用を呼びかける。
- ●利用者間のトラブルにならないように注意する。

予防／備え

- ●駐車スペースの充実や分館網の整備を検討する。
- ●車を誘導する人員の確保(外部委託も検討する)。
- ●自転車の整理・誘導をする(外部委託も検討する)。
- ●あらかじめ混雑が予想されるときには，他にも駐車場を確保するようにする。
- ●周辺施設のイベント等のスケジュールを把握し，混雑を予測する。
- ●駐車場の混雑情報をホームページやSNS等で告知をする。
- ●周辺駐車場との連携。

- 公共交通機関を使うことを勧める。
- 駐車場内で誘導するための用具の購入(反射材，誘導ライト)。

こんなときにはどうするの？　～考えておきたいこと

- 「関係ない車が，駐車場に停まっている」と言われたらどうしますか？
- 近所から来館者の車のマナーについて苦情があったらどうしますか？

■参考文献
- 鑓水三千男，中沢孝之，津森康之介『図書館が危ない！　運営編』エルアイユー，2005，p.178-188
- 鑓水三千男『図書館と法　図書館の諸問題への法的アプローチ』日本図書館協会，2009 (JLA 図書館実践シリーズ 12)，p.249

■参考サイト
- 国土交通省「障害者等用駐車場の適正利用のために」
  https://www.mlit.go.jp/common/000143891.pdf
- 佐賀県パーキングパーミット制度
  http://www.saga-ud.jp/keikaku/machi/parking.html

■関連法規
- 高齢者，身体障害者等の移動等の円滑化の促進に関する法律第 11 条の規定による路外駐車場移動等円滑化基準第 2 条 (障害者用駐車場の設置義務)

法律ミニ知識

《図書館の駐車場における利用関係》

　図書館の駐車場における利用関係は，民法第 657 条が規定する寄託契約によるものではなく，公の施設である図書館の利用者の利便性のために図書館の敷地の一部の使用を認めています。したがって，図書館の駐車場において発生した事故(車上荒らしや車同士の物損事故あるいは車と利用者との人身事故)について，図書館側が寄託契約に基づく管理責任を負うことはありません。

　なお，図書館の駐車場について有料制を導入している場合があります。この場合の法律関係は，各自治体が地方自治法第 225 条および第 228 条に基づき定める使用料条例に委ねられることになります。

戦争
●不発弾の処理

対処　図書館でできること

- 時事情報を常に収集する。
- 日ごろから，戦争が社会に及ぼす影響や被害の状況に関する情報を収集し，提供する。
- 資料を守るための対策を講じる。
  - 例 普段から資料の価値を判断して，避難の優先順位を確立しておく。
  過去，実際に資料を疎開させた例を調べて参考にする。

ポイント

- 戦争はありうるという前提に立って考えなければならない。
- 戦争により破壊と略奪が起きる可能性がある。
- 資料を守り後世に伝えることは，図書館の重要な使命の一つである。
- 戦争の悲惨さを伝える情報の収集と提供。
- いざというとき，いかにして資料を守るか。
- 戦争を抑止し平和を願う図書館としての取り組みが大切である。
  ＊図書館資料を展示する「戦争展」，戦争に関する資料を別置する「平和のための戦争コーナー」など。

予防／備え

- 優先して避難，疎開させる資料のリストアップ。
- 周囲避難所の把握。

こんなときにはどうするの？　～考えておきたいこと

- 不発弾処理による立入禁止区域に図書館があった場合どうしますか？
- 図書館が避難所になった場合どうしますか？

■参考文献
- 小川雄二郎監修『図書館・文書館の防災対策』雄松堂出版，1996
- 図書館員の問題調査研究委員会編『「図書館員の倫理綱領」解説』増補版，日本図書館協会，2002
- 島田清「戦乱の中の大学と図書館　アフガニスタン・カブール大学と中央図書館」『図書館雑誌』97(8)，2003.8，p.502-505
- 松本健「イラク戦争と文化施設」『図書館雑誌』97(8)，2003.8，p.506-508
- 松島茂「空襲体験と図書館」『図書館雑誌』97(8)，2003.8，p.513-515
- 小川雄二郎「文書館災害対策論」国文学研究資料館史料館編『アーカイブズの科学　上』柏書房，2003
- ジャネット・ウィンター絵と文『バスラの図書館員　イラクで本当にあった話』晶文社，2006
- コリン・コッホ編集・翻訳，国立国会図書館日本語訳『ブルーシールド　危険に瀕する文化遺産の保護のために　国際図書館連盟第68回年次大会（2002年　グラスゴー）資料保存コア活動・国立国会図書館分科会公開発表会報告集』日本図書館協会，2007
- 調布市立図書館編『2008年5月18日避難その時，あなたは…－調布市国領町不発弾処理避難体験談－』調布市立図書館，2009
- マーク・アラン・スタマティー作，徳永里砂訳『3万冊の本を救ったアリーヤさんの大作戦　図書館員の本当のお話』国書刊行会，2012
- 金高謙二『疎開した四〇万冊の図書』幻戯書房，2013
- 「イラク戦争と図書館」（特集　災害と図書館）『アジ研ワールド・トレンド』19(3)，2013，p.40-42，日本貿易振興機構アジア経済研究所研究支援部

■関連法規
- 自衛隊法附則第4項（自衛隊による不発弾の処理）

🌱 不発弾の処理　非常時の図書館の役割とは？

　災害や事故が起こったとき，基本的に図書館の職員は来館者の安全確保に加え，あらかじめ定められている非常時の行動計画に沿って行動をします。
　また，そのままでは散逸するかもしれない災害や事故の資料を，収集・整理・保存するということも役割の一つです。
　東京・調布市では，2008年の3月27日8時55分に，市内で太平洋戦争中に投下されたと思われる不発弾が見つかるということがありました。市ではすぐに災害対策本部を設置し，発見から4時間後には自衛隊により安全処置作業が完了しました。そして，住民への説明会，関係機関との調整などを経て，5月18日に無事，撤去されました。
　これを受けて調布市立図書館は，2009年3月に『2008年5月18日避難その時，あなたは…－調布市国領町不発弾処理避難体験談－』を発行しました。この資料は不発弾の発見から処理までの2か月間を追っていて，特に処理当日の経過は，避難所からの報告，自衛隊の作業の進捗状況など，時系列で詳細に書かれています。
　また，そのとき住民がどのような思いで不発弾処理を見守っていたかが伝わる体験談も前半部分に掲載しました。東日本大震災でもさまざまな図書館が記録を収集しました。このような記録が記憶の風化を防いでいます。

- 『2008年5月18日避難その時，あなたは…－調布市国領町不発弾処理避難体験談－』2009年　調布市立図書館編・発行
- 『3.11地震その時，あなたは…－東日本大震災調布市民体験談－』2013年　調布市立図書館編・発行

◎不発弾の処理への図書館の対応
- 利用者の安全を第一に行動し，不発弾処理対策本部の指示に従う。
- 不発弾を処理する日にちが決まったら，それに向けて住民に周知。
  交通機関への影響，住民向けの説明会日程，現在の状況など。
- 不発弾処理の記録を収集・整理・保存する。

9章

災害

大雪で交通機関がストップしたらどうしますか？ 台風により図書館が浸水したらどうしますか？ 大地震だけではなく、大雪や豪雨、それらに伴う土砂崩れなど、季節を問わず、各地で大きな災害が発生します。図書館が巻き込まれるリスクも高まっています。災害時、図書館はどのように行動していくかを考えます。

自然災害1
◉台風・大雨・浸水・土砂災害・落雷・竜巻

対　処　図書館でできること

- 図書館の危機管理マニュアルに沿って，冷静かつ迅速に対応する。
- 安全を最優先し，利用者を避難させる(職員も避難する)。
  - 例 ゲリラ豪雨の場合，利用者を帰さず館内で待機させることも考える。
- 資料を守る。安全な場所への避難。
- 施設を守る。
  - 例 水の浸入を防ぐため土のうを積む。強風で飛んでしまいそうな館外のもの(看板，ごみ箱，灰皿)を撤去する。ビニールシートで雨漏りする場所を覆う。
- 被災状況を記録する。

ポイント

- 人命を最優先し，無理な行動をしない。
- コンセントを抜く，ブレーカーを落とす：落雷対策としては，外部からの電気的接続を遮断するのが有効なため，可能な限り実行する。
- 保険や激甚災害指定法による復旧は原状復帰が原則。
- 状況を十分考慮した上で，図書館の使命を忘れず，早期に開館・情報提供に努める。
- 防災計画等に盛り込まれない予想外の災害が発生することもある。
- 天気予報や気象庁の発表を入手し，対処に活かす。
- 被災状況をとりまとめ，記録する。
  - ＊中央館は地域館・分館の被災状況を確認する。
  - ＊都道府県立図書館は，域内(都道府県内)図書館の被災状況を確認し，支援の必要がある図書館を把握する。

予防／備え

- 地域の防災計画を確認し，備えを怠らないようにする。

- 図書館としての防災計画を策定し，実行する。
  - 例・地域の防災計画を実際に図書館に適用した場合の検証をする。
    - ・台風・大雨情報に注意し，図書館情報のひとつとして利用者にも提供する。
    - ・防災訓練は，年間計画として組み込み実施する。
    - ・保険加入は，関係部課と協議した上で取り組む(火災保険は風水災に対応している)。
    - ・屋根まわりや風当たりの強い部分の補修や補強対策。
- 危険見積もりと災害が起こったときの対応について，あらかじめ災害対策マニュアルを定めておく。
- 自館で過去，被害にあった事例を検証し，対策を講ずる。
- 地域の郷土資料などから過去の災害事例を収集し，対策の参考とする。
- 浸水は図書館の最悪の被害となる。実際に遭遇した図書館の記録から学び，事前の対策と備えをする。
- 姉妹都市や隣接する市町村と避難協定を結び，利用者データや資料の緊急避難場所とすることも検討する。
- 保護すべき貴重資料を選別しておく。
- 自館が被災した場合を考慮した，データ管理体制とする(平常時からの利用者・資料データのバックアップ等)。
- 水に濡れた資料の復元や修復についての研修等を行う。
- 土のう，スコップ，ビニールシート等の用意。

こんなときにはどうするの？ 〜考えておきたいこと

- 職員数が少ない時間帯に自然災害が発生した場合どうしますか？

■参考文献
- 増田勝彦「水害を受けた図書・文書の真空凍結乾燥」『保存科学』31，1992，p.1-8
- 日本図書館協会資料保存委員会編『災害と資料保存』日本図書館協会，1997
- サリー・ブキャナン著，安江明夫監修，小林昌樹，三輪由美子，永村恭代訳『図書館，文書館における災害対策』日本図書館協会資料保存委員会編集企画，日本図書館協会，1998（シリーズ本を残す7）
- 『書庫の救急箱 イザという時の資料防災ミニ知識』全国歴史資料保存利用機関連絡協議会防災委員会，1998
- 「集中豪雨禍の岩手県軽米町立図書館が一部開館(NEWS)」『図書館雑誌』94(1)，2000.1，p.7
- 坂本勇「図書館における災害対策」『現代の図書館』40(2)，2002，p.68-72
- 東野善男「飯塚市立図書館水害被害からの復旧」『みんなの図書館』2004年3月号，p.24-33
- 河原茂記「台風23号被害状況リポートー京都府北部の場合」『図書館雑誌』99(5),2005.5,p.304-305

- 村上康子, 芦原ひろみ「米国大学図書館におけるリスクマネジメント－自然災害, 犯罪, テロ, 戦争, 原発事故等あらゆる災害へのプランとスキル」『大学図書館研究』95, 2012, p.83-93

■参考サイト
- 気象庁　http://www.jma.go.jp/
- 内閣府「防災情報のページ」　http://www.bousai.go.jp/
- 国土交通省道路局「緊急・災害情報ページ」　http://www.mlit.go.jp/road/kinkyu/

■関連法規
- 災害対策基本法第 60 条(市町村長による避難の指示等), 第 61 条 (警察官による避難の指示等)
- 国家賠償法第 1 条
  ＊災害が発生し, 市町村長や警察官から避難の指示等が出された場合において, その指示が故意または過失により適正を欠いた結果, 住民に損害が発生した場合には, 都道府県または市町村が賠償責任を負う可能性があります。

🌱 どちらも起こる

　大雪やゲリラ豪雨のとき, 大地震が来たらどうしますか？
　一つの自然災害と立ち向かうはずが, そのときの季節や気候によって, 複数の自然災害が発生し, それに対処することも予想されます。
　被害を拡大させないためにも, 訓練の際は想定される災害例を複数用意し, マニュアルどおりにいかないことを理解することもポイントです。

🌱 空からかぼちゃ大の雹（ひょう）がふってきたら？

　2014 年 6 月, 東京都三鷹市や調布市を中心に短時間に大量の雹が降り, 農作物や通行人への影響が懸念されました。天気が回復してからもあたり一面に氷が残り, 雪国のような風景が新聞等でも報道されていました。
　過去には, 1917(大正 6) 年 6 月, 埼玉県熊谷市で, 直径 29.6㎝・3.4kg の雹が降った記録があり, 世界一となっています。もし, 勤務中にこんな雹が降ってきたらどうしますか。NHK ニュース深読み (2014.6.28 放送)で, 雹への緊急対応の一事例が紹介されていました。
　1. 2階から1階に避難する⇨雹が屋根を突き破って降ってくることに備える。
　2. シャッターや雨戸を閉める⇨雹は落下時に跳ね上がり窓ガラスを壊す。
　3. 家族に危険を知らせる⇨携帯電話のメールで状況を知らせる(写真入りで)。
　図書館においても雹対策を考える必要があります。

自然災害2
◉寒波・熱波・雪害

➡トイレの水漏れ，水道管破裂，ガス漏れ (p.98)

対　処　図書館でできること

◆**寒波・大雪**
- 天気予報に注意する。また，図書館情報のひとつとして利用者にも提供する。
- 天候異常によるコンピュータのダウンに備えデータのバックアップをとる。
- 図書館周辺(駐車場)の除雪。
- 開館する場合は，図書館の周辺の状況を把握し周知する。
  ＊積雪で駐車場が利用できない，公共交通が運行停止など。
- 出勤困難や帰宅困難が発生するおそれがあるため，気象状況に注意し業務の継続を判断する。
- すべり止めのための砂・融雪剤(塩化カルシウム)の散布。
  ＊塩化カルシウムはタイルを劣化させる働きがある。配管を腐食させる場合もあるため地下配管からの漏電に注意。
- 関連部署との連携。

◆**熱波**
- 天気予報に注意する。また，図書館情報のひとつとして利用者にも提供する。
- 熱中症対策をする。
- 館内での飲み物について一時的に許可する。
- 室内温度を管理する。
- 緊急時には利用者に状況を説明(アナウンス)する。

ポイント

- 暑さ，寒さともにコンピュータがダウンする原因になりうる。
- 職員がダウンしないように十分対策をとる。
- 積雪は，雪に慣れていない地域のほうが危ない。
- 雪に慣れていない地域の降雪では，公共交通機関の運行停止や車の渋滞，

事故が予想され，住民生活に多大な影響や被害が出る。
- 除雪のための重機を持っている自治体は少なく，大雪の際は主要な道路や病院等の除雪が優先される。
- 停電の際の対策を考えておく。
- 被災状況をとりまとめ，記録する。
  - ＊中央館は地域館・分館の被災状況を確認する。
  - ＊都道府県立図書館は，域内(都道府県内)図書館の被災状況を確認し，支援の必要がある図書館を把握する。

予防／備え

- 無人となる夜間や休館日は，コンピュータや端末の温度対策に備える。
- 緊急連絡網の整備。
- 徒歩で出勤できる職員の確認。
- 事業継続計画の策定。
- 冬期の図書館利用について広報やホームページを通じ周知する。
  - ＊大雪のときや，気温が極端に低く路面の凍結が著しい場合は，来館を控える，来館に注意してもらう等の周知。
- 除雪機やスコップ，スタッドレスタイヤ，防寒手袋・長靴(作業用)の用意。
- 食糧，飲料・生活水，毛布，石油ストーブ等を用意する。
- 水道管の凍結防止のため電熱線を巻く。
- 地域の自然災害・防災計画を確認。実際に図書館で適用した場合を検証する。
- 防災訓練の見直し，訓練の実施。
- 火災保険に加入する(火災保険は風水災に対応している)。
  - ＊保険加入は関係部署と協議した上で取り組む。
- 建物および周囲の樹木から氷雪が落下し，人や車が被害を受けないように，サイン表示などの予防策を講ずる。

こんなときにはどうするの？ ～考えておきたいこと

- 雪のため出勤できない職員が続出したら，どうしますか？
- 雪のため帰れなくなった利用者がいたら，どうしますか？
- 自然災害の影響で停電したら，どうしますか？
- 空調が壊れた場合，どうしますか？

■参考文献
- 神谷優, 西川馨『図書館が危ない！〈地震災害編〉』エルアイユー, 2005
  ➡「自然災害4 地震」(p.172)
- 夏緑 (著), たかおか ゆみこ (絵)『子どものための防災BOOK 72時間生きのびるための101の方法』童心社, 2012
- 『なるほど知図帳 日本の自然災害－危機の対策』昭文社, 2012
- 野本寛一『自然災害と民俗』森話社, 2013
- 山崎栄一『自然災害と被災者支援』日本評論社, 2013
- 「特集 災害と図書館」『アジ研ワールド・トレンド』210, 2013.3
  以下のホームページでも閲覧可能
  日本貿易振興機構アジア経済研究所　http://www.ide.go.jp/Japanese/

■参考サイト
- 内閣府「雪害対策のページ」　http://www.bousai.go.jp/setsugai/index.html
- 気象庁「防災情報」　http://www.jma.go.jp/jma/menu/menuflash.html
- 都道府県市町村防災課→各自治体の防災情報

■関連法規
- 災害対策基本法第60条 (市町村長による避難の指示等), 第61条 (警察官による避難の指示等)
- 国家賠償法第1条
  ＊災害が発生し, 市町村長や警察官から避難の指示等が出された場合において, その指示が故意または過失により適正を欠いた結果, 住民に損害が発生した場合には, 都道府県または市町村が賠償責任を負う可能性があります。

🌱 雪への対処法

　雪がめったに降らない地域で降雪があると，地域のさまざまな機能が停止してしまいます。降雪の量にもよりますが，最近は1日に大量の降雪があることも珍しくありません。

　深夜から雪が降り，翌日の朝まで止まなければ，出勤の足に大きく影響します。自家用車や公共交通機関を使って通勤している人にとっては，出勤困難の事態が発生します。物流が止まることによって，新聞や雑誌の配達も大幅に遅れ，停電も発生するかもしれません。つまり，図書館の開館にも大きく影響するのです。さらに降雪が多ければ人力での除雪作業は除雪道具の不備もあって，まったくと言ってよいほど進みません。雪は温度によっても重さが変わります。除雪にはそれなりの体力とコツが必要になってきます。

　年に1回程度の降雪でも，やはり気を引き締め，対処法を考えていくことが大切なのではないでしょうか。

🌱 「アニバーサリー（記念日）反応」について

　災害や事件・事故などを契機としてPTSD（心的外傷後ストレス障害／Post Traumatic Stress Disorder）となった場合，それが発生した月日になると，いったん治まっていた症状が再発することがあり，「アニバーサリー効果」や「アニバーサリー反応」と呼ばれています。

　このような日付の効果は必ずしも年単位とは限らず，同じ日に月単位で起きることもあります。対応としては，災害や事件・事故のあった日が近づくと，以前の症状が再び現れるかもしれないこと，その場合でも心配しなくてもよいことを保護者や子どもに伝えることにより，冷静に対応することができ，混乱や不安感の増大を防ぐことができます。

- 文部科学省「災害や事件・事故発生時における子どもの心のケア」
  http://www.mext.go.jp/component/a_menu/education/detail/_icsFiles/afieldfile/2010/10/01/1297590_02.pdf

自然災害3
●噴火・溶岩噴出・火山ガス噴出・火砕流・火山泥流など

日本の活火山は110（平成23年6月現在）あり，そのうちの47火山が「火山防災のために監視・観測体制の充実等の必要がある火山」として選定されている(気象庁)。噴火は，被害が広範囲に及びさまざまな災害を引き起こす。

対処　図書館でできること

- 状況に応じ休館措置。
- 火山活動情報を受信し来館者に伝える。
- 利用者・職員の安全を確保し，避難誘導する。
- 自治体，教育委員会に被災状況を伝える。
- 資料(貴重書)を避難させる。
- 利用者データを安全な場所に避難させる。

ポイント

- 利用者の安全を第一に考える。
- 自治体，教育委員会と連携する。
- 噴火には前兆があり，大噴火までには比較的時間がかかることもある。（前兆等なく突然噴火することもありうる。）
- 地震と連動した火山活動にも注意が必要であり，東日本大震災以降の火山活動には注意しなければならない。
- 火山のある自治体だけの問題ではなく，火山のない自治体にも大きな影響があること，無関係ではないことを認識しなければならない。
  - 例 火山灰の降灰，噴石の飛散。停電，泥流の河川への流入，避難者の受入れ等。
- 被災状況をとりまとめ，記録する。
  - ＊中央館は地域館・分館の被災状況を確認する。
  - ＊都道府県立図書館は，域内(都道府県内)図書館の被災状況を確認し，支援の必要がある図書館を把握する。

【噴火に伴う現象】
- 空振：噴火で空気が振動。ガラス等が割れる。
- 火山灰：降り続ければ，住民生活に著しい障害となる。降灰が館内に侵入，資料の汚破損，機器の故障，停電等につながる。利用者が借りている資料への被害や，図書館の開館が困難になることも考えられる。
- 火砕流：大規模なものが発生すれば，生存の可能性はない。すみやかな避難が必要。
- 火山ガス：目に見えないものであり，非常に危険である。火山の特徴や過去の噴火事例を踏まえることが大切。
- 噴石：降灰とともに石が飛来することもある。ガラスが割れ，屋根に穴が開くなどの被害が想定される。

予防／備え

- 自治体（周辺の自治体も含む）防災計画やハザードマップの収集，住民への周知。
- 地域の防災計画を図書館に当てはめ，対応を考える。
- 避難手順の周知と防災訓練の実施。
- 郷土資料から過去の災害の規模や被害状況を調査し，住民に提供する。
- 火山活動情報を受信し来館者に伝える体制の確立。
- 資料やすべてのデータの避難計画の策定や受入施設を決め，避難協定を締結する。
- 図書館の持つすべてのデータをバックアップするとともに，データを避難させるための場所を確保する。
- 地震災害保険に加入する。関係部署と協議。
- 書架・備品の倒壊を防ぐための対策とその実施。
- 被害が予想される場所には図書館をつくらない。

こんなときにはどうするの？　～考えておきたいこと

- 遠隔地の火山が噴火し，風向きで大量の火山灰が降ってきました。開館をしますか？

■参考文献
- 「大規模火山災害への提言」(広域的な火山防災に係る検討会　平成 25 年 5 月 16 日)
  http://www.bousai.go.jp/kazan/kouikibousai/pdf/20130516_teigen.pdf

■参考サイト
- 気象庁　http://www.jma.go.jp/
- 内閣府「防災情報のページ」　http://www.bousai.go.jp/
- 国土交通省道路局「緊急・災害情報ページ」　http://www.mlit.go.jp/road/kinkyu/

■関連法規
- 災害対策基本法第 60 条 (市町村長による避難の指示等)，第 61 条 (警察官による避難の指示等)
- 国家賠償法第 1 条
  ＊災害が発生し，市町村長や警察官から避難の指示等が出された場合において，その指示が故意または過失により適正を欠いた結果，住民に損害が発生した場合には，都道府県または市町村が賠償責任を負う可能性があります。

緊急時の電話の利用

公衆電話や固定電話は，携帯電話がつながらない場合でもつながりやすい利点があります。公衆電話が図書館周囲に何台あるかを確認するほか，事務室の固定電話を，連絡がとれない利用者のために使うことも検討しておくとよいかもしれません。

また，緊急時には災害用伝言ダイヤル(局番なしの 171)も利用します。

自然災害4
◉地震・津波・液状化現象

➡参考文献『みんなで考える図書館の地震対策』

対処　図書館でできること

- 利用者・職員の安全確保が最優先。
- 迅速な避難を心がける。
- 資料を守る。　＊資料の避難。

ポイント

- 保険加入は関係部署と協議した上で取り組む。
  （地震災害保険に加入する。火災保険では対応できない。）
- 姉妹都市や隣接する市町村と避難協定を結び，利用者データや資料の緊急避難場所とすることも考える。
- 平常時から利用者データのバックアップを励行し，保存媒体は安全な場所に保管する。
- 保険や激甚災害指定法による復旧は原状復帰が原則。
- 被災状況をとりまとめ，記録する。
  ＊中央館は地域館・分館の被災状況を確認する。
  ＊都道府県立図書館は，域内(都道府県内)図書館の被災状況を確認し，支援の必要がある図書館を把握する。

予防／備え

- 危険度の見積もりと災害が起こったときの対応をあらかじめ定めておく。
  ＊地盤が軟弱，低い場所では被害を最小限に食い止める対策を講じる。
  　自館で過去に，被害にあった事例を検証し，対策を講じる。
- 地域の防災計画を実際に図書館に適用した場合について検証しておく。特に東南海地震の被害を受けるとされる自治体は，最新の防災計画を策定している。

- 緊急情報をキャッチした場合の利用者への対応を決めておく。
- 防災訓練は年間計画として組み込み実施する。
- 施設の点検とメンテナンス(書架・備品の倒壊を防ぐための対策をとっておく)。
- 災害の被害が大きくなると予想される場所には図書館をつくらない。

こんなときにはどうするの？　〜考えておきたいこと

- 今後発生すると言われている巨大地震(東南海や首都直下型)への対応を考えていますか？

■**参考写真**(各社で開発している図書落下防止書棚の例)

ブックキーパーⅡ(日本ファイリング株式会社)　左：通常時　右：地震時

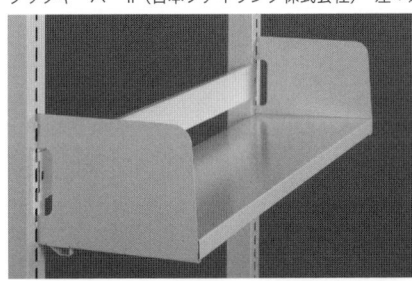

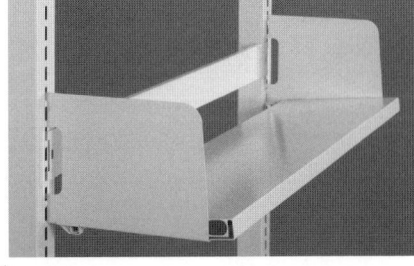

傾斜スライド棚(金剛株式会社)　左：通常時　右：作動時

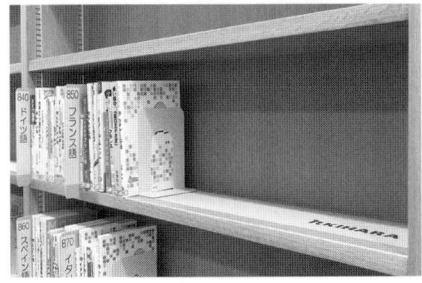

安全安心シート(キハラ株式会社) 　　　落下防止テープ(住友スリーエム株式会社)

■参考文献
- 『みんなで考える図書館の地震対策』編集チーム編『みんなで考える図書館の地震対策－減災へつなぐ』日本図書館協会，2012
- 日外アソシエーツ編『災害・防災の本全情報　2004－2012』日外アソシエーツ，2012
- 『2012年度(平成24年度)公立図書館における危機管理(震災対策等)に関する実態調査報告書』全国公共図書館協議会，2012
  http://www.library.metro.tokyo.jp/zenkoutou/tabid/3736/Default.aspx

■参考サイト
- 消防庁「地震防災マニュアル」　http://www.fdma.go.jp/bousai_manual/
- 内閣府「防災情報のページ」　http://www.bousai.go.jp/
  ＊南海トラフ地震，首都直下型地震の情報もあり。

■関連法規
- 災害対策基本法第60条(市町村長による避難の指示等)，第61条(警察官による避難の指示等)
- 国家賠償法第1条
  ＊災害が発生し，市町村長や警察官から避難の指示等が出された場合において，その指示が故意または過失により適正を欠いた結果，住民に損害が発生した場合には，都道府県または市町村が賠償責任を負う可能性があります。

防災BOOKバッグ

防災BOOKバッグは，2003年の宮城北部連続地震の教訓から，身近な図書館用品が防災用品にならないものかということでできたものです。

普段は，紙芝居が入るサイズの図書館バッグですが，災害時は中に折り込んで，リボンをほどくと防災頭巾に早変わりします。

作り方は以下のサイトで確認できます。

- 東松島市図書館　http://www.lib-city-hm.jp/lib/2008top/002.2008bousaibag/bousaibag1.html

①普段は図書入れバッグ　→　②災害時は半分に折り込む　→　③かぶって防災頭巾に変身

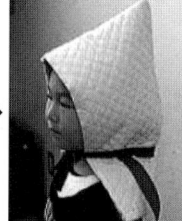

「伝えなきゃ」 でも，ちょっと考えて
——被災時の安否確認情報

　大きな災害が起きたとき，一番知りたいのは家族の安否，次に知人の安否ではないでしょうか？　公共図書館や学校図書館の職員は，自治体職員であることが多く，大災害時は自治体住民を守ることを最優先に行動します。そのため，自治体職員自身の安否情報は後回しになりがちです。被災地の図書館職員は情報発信できるようになり次第，できるだけ図書館関係者に連絡してください。

　そして，その情報を受け取った人は，メールをそのまま転送せず(転送可と書いてある場合は別)，「〇〇さんから無事だと連絡がありました」，「〇〇さんはケガをしたそうですが，命に別状はないそうです」など，安否情報のみ伝えてください。被災地では携帯電話の充電ができない，インターネット環境が整わないなど，情報発信すること自体，難しい場合があります。そのような中で発信された情報かもしれないということを考えてください。メールには，私信のつもりで，家族や自宅についてなど，個人的な情報が書かれていることがあります。図書館関係者に伝えようとして被災者からの情報をそのまま転送，インターネットに公開した結果，被災者の家の場所とともに，留守であることも知らせてしまい，空き巣の被害につながるかもしれません。

　大災害時の情報発信，情報転送などには注意が必要です。

原子力災害
● 放射能漏れ事故
● 原子力発電所事故・研究機関などによる放射能汚染事故

対処　図書館でできること

◆基本
- 利用者，職員の安全を確保する。
    - ＊児童だけで利用している場合，保護者と連絡をとり，対応を検討する。原子力発電所（原発）立地自治体の場合，保護者がその施設で働いていることもあるため，保護者が迎えに来られない場合の対応を検討しておく。
- 正確な情報を入手し，提供する。
- 館内に退避するか，または避難するか判断し，利用者を誘導する。
- 図書館が，避難場所になる場合がある。

◆図書館の中に避難する場合
- ドアや窓を閉め，換気扇やエアコンなどを止め，外部の空気を遮断する。各部屋の扉も確実に閉める。
- 放射能雲に巻き込まれているときとその後しばらくは，屋内でもマスクをする，タオルやハンカチを水でぬらして口や鼻を覆うなどして，直接空気を吸い込まないようにする。
- やむをえず外出するときは，できるだけ皮膚を露出しないようにし，マスクをする，タオルやハンカチを水でぬらして口や鼻を覆うなどして放射性物質の吸い込みを防ぐ（フード付きレインコート，マスクを着用し，帰館後は館外で処分する）。
- 外から入ってくる人の衣服等に付着した放射性物質をできるだけ取り除く。
- 雨や雪のときは外出しない（雨や雪は放射能微粒子をため込むため）。

◆図書館から避難する場合
- 避難場所を確保するため，行政機関と連絡をとりながら避難する。
- 有害動物（害獣・害虫）等の侵入を防ぐため，図書館の窓やドアを確実に閉める（余裕があれば通用口等に目張りをする）。

●机の引き出し・ラックの扉などもきちんと閉める。

◆避難時に放射能汚染の情報が入手できないとき
●天気予報などによる風向きを参考にする。
●国内の機関から被害状況の情報が得られない場合は，海外の政府や関連団体等が発信している情報も参考にする。

ポイント

●落ち着いて対処する。
●事故が起きたとき，まず事故の状況を知ることが重要。
「図書館から出ない方がよい場合」と「館外に逃れ，少しでも原発関連施設から離れた方がよい場合」がある。
●被爆を避けられるか否かは，迅速な判断にかかっている。このため原発が近くにある場合は，行政機関や電力会社の情報だけに頼ることなく，住民サイドの情報にも関心を寄せ，関連情報を入手することが大切。
●デマ，流言等に惑わされないためにも，正確な情報の入手先を確保する。
●職員は長期間自宅に帰れなくなることがある。原発事故が起きたことを知った時点で，交替で自宅へ戻り，その後に備えることも検討する。
●放射能雲が到着したあとは井戸水や水道水を飲まない。

予防／備え

●水を確保。水道水をできるだけ保存する。
●保存食をできるだけ多く確保する。
●マスク，タオルの用意。
●100km以内にある「放射能漏れ事故を起こす可能性のある施設」（原子力発電所・研究所等）の確認，その施設と図書館の位置関係を確認しておく。
●服用するためのヨウ素剤を入手する方法を調べておく。
　＊ヨウ素剤の服用については，行政判断だけでなく，副作用の問題等もあるので，医師，保健師の指示により進める必要がある。
●原子力防災計画を収集し，利用者に提供する。
●原子力防災訓練に参加する。

- 普段から原発に関するさまざまな情報を収集し，提供する。
  - 例「放射能漏れ事故を起こす可能性のある施設」からの事故対応マニュアルの入手と公開・提供。
- 地域の防災計画を図書館に適用した場合を検証する。
- 簡易放射線検知器の設置。
- 避難することになったときのために，図書館保有の個人情報の扱いについて決めておく。
  - ＊立入禁止区域に指定されても犯罪者は入り込む。

■緊急避難時の携帯品

〈必　　備〉　携帯電話，携帯式ラジオ，懐中電灯，水，地図，救急用品，ポリ袋

〈配　布　用〉　防護服（身体衣服への放射性物質の付着を防ぐフード付きレインコート等，代用となるもの），ゴム手袋，ビニール手袋，防塵マスク，ウェットティッシュ（除染用）

〈あれば便利〉　簡易放射線検知器，ビニール（ゴム）長靴

＊施設に，自家発電装置等を動かすための燃料やバッテリーがあることが望ましい

こんなときにはどうするの？　～考えておきたいこと

- 停電していたら，情報収集はどうしますか？
- 避難後，職員間での連絡方法はどうしますか？

■参考文献
- 原子力安全基盤機構企画部編集『原子力施設運転管理年報』大應，年刊
- 原子力資料情報室編『原子力市民年鑑』七つ森書館，年刊
- 日本科学者会議福岡支部核問題研究委員会編『原発事故緊急対策マニュアル－放射能汚染から身を守るために』合同出版，2011
- 菅野佳子「2年も経つのに何もできないのか…　ほんの2、3日の避難のつもりが‥」『図書館雑誌』107(3)，2013.3，p.151
- 岡崎裕子，衣川ゆかり「浪江 in 福島ライブラリーきぼう」『図書館雑誌』107(3)，2013.3，p.152
- 北崎周子「東日本大震災・原子力災害からの思い」『図書館雑誌』107(3)，2013.3，p.153
- 松岡要「『原発』と図書館　関係データの紹介を中心に」『図書館評論』54，2013.6，p.77-101
- 鈴木史穂「Best IFLA Poster 2013 : "The Librarians of Fukushima（福島の図書館員たち）"」『図書館雑誌』108(1)，2014.1，p.20-21

- 吉田和紀「あの時，何ができたのか，できなかったのか　状況調査の結果を踏まえて」『図書館雑誌』108(3)，2014.3，p.164-165
  ※関連資料「東日本大震災の被災及び復旧状況(2014.1.31 まとめ)
    http://www.library.fks.ed.jp/ippan/tosyokanannai/kankobutsu/shinsaikara.pdf
- 風間真由美「避難所での状況と『読書のまち おおくま』復興への思い」『図書館雑誌』108(3)，2014.3，p.166-167

■参考サイト
- 原子力規制委員会　原子力防災ネットワーク「環境防災 N ネット」
  http://www.bousai.ne.jp/vis/index.php
- 放射線等に関する副読本掲載データ
  http://www.mext.go.jp/b_menu/shuppan/sonota/attach/1313004.htm
- 気象庁「防災気象情報」　http://www.jma.go.jp/jma/menu/flash.html
- 日本気象協会　http://tenki.jp/
- 「原子力災害時における安定ヨウ素剤予防服用の考え方について」(平成 14 年 4 月　原子力安全委員会)　http://www.u-tokyo-rad.jp/data/ninpuyouso.pdf

■関連法規
- 原子力災害対策特別措置法第 27 条の 2 (市町村等の避難の指示等)，第 27 条の 3 (警察官等の避難の指示等)
- 国家賠償法第 1 条 (公権力の行使に基づく損害の賠償責任)
  ＊原子力災害が発生し，市町村長や警察官から避難の指示等が出された場合において，その指示が故意または過失により適正を欠いた結果，住民に損害が発生した場合には，都道府県または市町村が賠償責任を負う可能性があります。

🌱 原発事故で避難するとき役立つこと 〜「風向きを知る！」〜

　原発事故が発生すると，危険な放射能を含んだ放射能雲（放射性プルーム）が風とともに移動し，広がっていきます。放射能雲の移動する速さは，そのときの風速とほぼ同じです。放射能雲から遠ざかる方向に避難します。
　図書館と原子力発電所の位置関係を日ごろから把握しておくことが必要です。

参考文献
- 日本科学者会議福岡支部核問題研究委員会編『原発事故緊急対策マニュアル－放射能汚染から身を守るために』合同出版，2011

🌱 放射線量が心配される図書館では

　原発事故の被災地で開館している図書館では，敷地内の放射線量を定期的にホームページで公表しているところがあります。放射線量が比較的高い図書館では，安全・危険を確認し，利用者に伝えるため，放射線検知器が必要です。
　また，放射線量によっては，立入禁止の場所を設ける，除染するなどの措置をとらなければなりません。除染といっても，敷地内の表土を取り除く，雨樋の堆積物を除去する，屋根や外壁を洗浄するなどさまざまな工程，作業が必要です。さらに，除染で出た廃棄物は，貯蔵場所が決まるまでの保管場所も確保しなければなりません。除染しても，汚染される前の状態にすぐには戻りません。一定の放射線量以下には下がらないという状態が続きます。

10章 職員倫理にかかわる問題

職員内で派閥ができ、対立したらどうしますか？職員が利用者情報をブログに掲載したらどうしますか？職員間で良好なコミュニケーションをとり、みんなが笑顔で仲がよいのが一番……なのですが、職員の不祥事や職員間のトラブルが発生したとき、それをいかに拡大させず、組織を崩壊させないかが大きなポイントとなります。

1 情報管理

本人以外からの個人情報の問い合わせ
◉マスコミ・役所・学校・家族

➡警察の捜査 (p.184)

対処　図書館でできること

- 図書館としての姿勢・方針を説明し，個人の利用状況に関する問い合わせには応じられないことを話す。
- 相手がマスコミ，役所，学校，家族であっても，個人情報を知らせることはできない。「図書館の自由に関する宣言」などを例にして説明。
- リクエスト用紙など個人情報が記載されたものが利用者に見えないようにする。

ポイント

- 個人情報とは，利用カード作成時の登録情報，図書館への来館の有無，レファレンス内容，貸出資料の履歴等を指す。
- 職員に日常からの個人情報保護に対する意識を徹底させる。
- 他の利用者に聞こえるところやプライベートで個人情報の話をしない。
  - よくない例 「○○さんが□□を調べている」「△△さんがこれを借りていった」「○○さんはいつも来る」
- 督促やリクエストの連絡の際も，資料名などが本人以外にわからないよう工夫する。
  - ＊子どもにもプライバシーがある。基本的には利用状況に関する問い合わせには応じない。督促などの場合，字が読めない，一人では図書館に返却に来ることができない，記憶が曖昧で何冊借りたかわからないなどの理由から，借りている本の冊数や，分野（雑誌・絵本・紙芝居）を教えるなどして知らせることがある。

予防/備え

- 図書館としての姿勢・方針(「図書館の自由に関する宣言」)を明示。
- 個人情報保護法や自治体の個人情報保護条例の理解。
- 利用者側からパソコン画面を見えにくくする等,カウンターのレイアウトを検討する。

こんなときにはどうするの？ ～考えておきたいこと

- 乳幼児が何を借りているか,たずねられたらどうしますか？
- マスコミから,事件の被害者もしくは加害者が利用していることを執拗にたずねられたらどうしますか？

■参考文献
- 「図書館の自由に関する宣言」(本書 p.228 参照)
- 日本図書館協会図書館の自由に関する調査委員会編『図書館の自由に関する事例33選』日本図書館協会,1997
- 西村彩枝子「江東区個人情報保護条例と図書館」『現代の図書館』40(2),2002,p.85-91
- 『「図書館の自由に関する宣言1979年改訂」解説』第2版,日本図書館協会,2004
- 山口真也「学校図書館における読書記録の管理方法に関する調査－延滞督促と個人カードの取り扱いにみるプライバシー侵害・個人情報漏洩の問題を中心に」『沖縄国際大学日本語日本文学研究』11(1),2006.10,p.35-57

■関連法規
- 地方公務員法第34条(守秘義務),第29条(懲戒処分)
- 各自治体の個人情報保護条例

警察の捜査

対　処　図書館でできること

- 捜索令状を提示してもらい，確認する。
- 管理職等責任者とともに複数の職員で対応する。
- どういう理由で個人情報が必要なのか確認する。

ポイント

- 図書館が前触れなく刑事事件の捜査を受けることは考えにくい，図書館で何らかの犯罪が行われた場合でも，通常は任意の事情聴取などが行われることになる。
- 図書館としての姿勢・方針（「図書館の自由に関する宣言」）を館内に掲示する。
- 捜索令状がなければ捜索ができない（日本国憲法第35条）。
- 館長等もしくは個人情報担当者が対応する。
- 電話での警察署からの個人情報の問い合わせには応じない。
- 冷静に対処する。

予防／備え

- 図書館としての姿勢・方針（「図書館の自由に関する宣言」）を明示。
- 問い合わせがあったときのマニュアルを整備する。
- 対応について職員間での申し合わせを行い，動揺しないようにする。

こんなときにはどうするの？　〜考えておきたいこと

- 警察から捜索令状がないのに利用者の個人情報を求められたらどうしますか？
- 至急を要する事件で，図書館の貸出情報が犯人逮捕の決定的な手がかりになるときはどうしますか？

■参考文献
- 吉本紀「『照会書』や『令状』に出会ったら (1)～(5)」(「こらむ図書館の自由」)『図書館雑誌』86 (2・3・5・9), 1992.2, 3, 5, 9, 87 (1), 1993.1
- 日本図書館協会図書館の自由に関する調査委員会『図書館の自由に関する事例33選』日本図書館協会, 1997
- 鑓水三千男, 中沢孝之, 津森康之介『図書館があぶない！　運営編』エルアイユー, 2005, p.16
- 鑓水三千男『図書館と法　図書館の諸問題への法的アプローチ』日本図書館協会, 2009 (JLA図書館実践シリーズ 12), p.176

■参考サイト
- 日本図書館協会図書館の自由委員会「こらむ図書館の自由」(『図書館雑誌』連載中)
  http://www.jla.or.jp/portals/0/html/jiyu/column.html

■関連法規
- 日本国憲法第 35 条
- 刑事訴訟法第 197 条第 2 項 (公務所に対する捜査事項照会)
- 地方公務員法第 34 条 (守秘義務)

法律ミニ知識

《刑事事件の捜査》

　図書館が前触れなく刑事事件の捜査を受けることは考えにくいことです。図書館で何らかの犯罪が行われた場合でも，通常は任意の事情聴取などが行われることになります。また，図書館長が退館命令を発し，対象となった入館者が任意に退去しない場合などは，そもそも図書館側が警察権の発動を求めた以上，令状がなければ入館させないという対応にはなりません。

　したがって，問題となるのは，図書館職員が図書館を舞台に何らかの犯罪を犯した場合（贈収賄罪など）でしょうが，その場合でも事情聴取等の捜査への協力要請が先行するのが通常です。

🌱 警察からの捜査事項照会

　2014年2月に，東京都内などのいくつかの図書館などで『アンネの日記』が破損されるという事件が大きく報道され，被害のあった図書館はもちろん，近隣の図書館にも警察からの問い合わせがありました。求められたのは被害状況，防犯カメラ画像の記録，館内OPACの検索記録，利用者の利用履歴などです。

　また，これも東京都内の図書館ですが，同時期にブックポストにカレーライスがたびたび投入され，50冊以上の本が被害にあい，廃棄処分となっています。これは，警戒中の警察官が犯行現場を押さえ容疑者を逮捕しています。

　警察からの問い合わせだけでなく，捜索令状を示されたときにはどこまで協力すべきか，「利用者の読書事実を外部に漏らさない」としている図書館は非常に苦慮するところです。慎重な対応が求められるため，日本図書館協会発行の『図書館と法』(鑓水三千男, 2009)を参照するのがよいでしょう。プライバシーの提供については主に次のことに留意するよう書かれています。

- 損なわれるプライバシーの内容は何か。
  読書内容そのものか，単に図書館を利用したという事実か。
- どのような犯罪事実に係るものなのか。
  誘拐や殺人といった重大な犯罪で，当該照会事実が重要な意味を持つものか。

　またこのような事件では報道機関からの取材も入ります。担当窓口をあらかじめ決めておくなど，対応のしかたを検討しておきたいものです。

貸出履歴へのアクセス

●貸出履歴をサーバに残す
●汚破損防止の目的で履歴を残す

対処　図書館でできること

- 利用者には閲覧させない。
- 履歴はサーバに残さない設定にする。
- ただちに対応できない場合は，外部からアクセスされないようにセキュリティを強化する。

ポイント

- サーバには貸出履歴を残さない。
- 残していた場合も簡単に貸出履歴を利用者に見せない。
- 必要最低限の個人情報以外は図書館で所持しない。
- 「図書館の自由に関する宣言」を踏まえる。
- 職員の個人情報への意識向上を図る。

予防／備え

- システム入替時に業者に貸出履歴データの扱いについて確認をする。
- ただちに対応できない場合，セキュリティ面の対策をとる。

こんなときにはどうするの？　〜考えておきたいこと

- 自分の貸出履歴を見たいという利用者には，どう対応しますか？
- 貸出履歴が流出してしまったらどうしますか？

■参考文献
- 日本図書館協会図書館の自由委員会編『図書館の自由に関する全国公立図書館調査　2011年　付・図書館の自由に関する事例2005〜2011年』日本図書館協会，2013

■関連法規
- 各自治体の個人情報保護条例

システム管理の丸投げ?

　図書館内の情報機器の台数を把握していますか？　万一，図書館システムがダウンした場合，どのように対応しますか？

　今や図書館の活動の多くは，ITにより支えられています。だからこそ，サーバ機器の故障（ハードディスク，メモリ，電源ユニット）をはじめ，コンピュータウイルスの感染，システムの停止など，多くの障害を想定するとともに，被害を最小限にするため，さまざまな備えやシステムの管理が必要です。たとえば，製品名，バージョン，使用開始日，ライセンスキーなどを管理するための構成管理台帳の作成，セキュリティポリシーの策定をはじめとするセキュリティ管理などがあります。

　しかし，図書館システムをはじめ，図書館内の情報機器の管理や保守をSEや取引先企業，もしくは特定の職員に丸投げしていませんか？　最低限の情報システムの知識を習得するとともに，SEをはじめ図書館にかかわる構成員がともにシステムを創ること，そして障害やセキュリティの対応は組織で行うことが必要です。

参考文献
- 栗山正光「図書館コンピュータのセキュリティ対策」『図書館雑誌』98(11)，2004.11，p.832-834
- 西野一夫「図書館システムの危機管理について考える：岡崎市立中央図書館のシステム障害と個人情報流出事件から」『図書館雑誌』105(1)，2011.1，p.34-36
- 立石譲二「最近の重要システムのトラブル事例に関する緊急レポート」『SEC journal』7(1)，2011，p.30-33
- 日本事務器株式会社「図書館システムにおける災害対策」『第14回図書館総合展フォーラム配布資料』2012.11.20
- 「動かないコンピュータ　横浜市　図書館システムが全面ダウン　開発遅れと要件不備が響く」『日経コンピュータ』832，2013.4，p.82-84

参考サイト
- 総務省「地方公共団体における情報セキュリティポリシーに関するガイドライン」2010.11
  http://www.soumu.go.jp/denshijiti/jyouhou_policy/pdf/100712_1.pdf
  - Code4Lib JAPAN　http://www.code4lib.jp/

利用者用インターネット端末の管理

- ●誹謗中傷の書き込み
- ●不正なアクセス／不正ダウンロード
- ●わいせつなサイト／暴力的なサイトへのアクセス
- ●ゲームの利用

対処　図書館でできること

- ●館内で見つけた場合はすぐにやめさせる。
- ●わざと不快な画像や情報を見せつける利用者の場合，口頭で注意する。
- ●複数で対応する。

ポイント

- ●フィルタリングソフトを導入する際は，よく議論，検討をする。
- ●館内設置パソコンの利用目的を明確にしておく。

予防／備え

- ●インターネット使用のルールを明示する。
  - 例「逸脱した使用には利用停止」や「機器に損害が出た場合，弁償していただきます」
- ●利用者用コンピュータのディスプレイを人通りの多い場所，カウンターから見える場所に設置する。
- ●不正操作ができないよう，あらかじめ設定をしておく（ダウンロード機能の停止，CD-R，USBポート等が使用できない環境設定）。

こんなときにはどうするの？　～考えておきたいこと

- ●パソコン画面をプリントアウトしたいと申出があったらどうしますか？
- ●長時間パソコンを占有している場合，どうしますか？
- ●図書館のパソコンからネットショッピングにアクセスされていた場合，どうしますか？

■参考文献
- 保坂睦「電子リソースの不正アクセス問題」『MediaNet』12，2005
 http://www.lib.keio.ac.jp/publication/medianet/article/012/01200160.html
- 畑中鐵丸法律事務所『企業ネットトラブル対策バイブル』弘文堂，2012
- 神田将監修『インターネットの法律とトラブル解決法　これだけは必ず知っておきたい』改訂版，自由国民社，2012

■参考サイト
- 警察庁「インターネットトラブル」　http://www.npa.go.jp/nettrouble/index.htm
- 独立行政法人国民生活センター「インターネットトラブル」
 http://www.kokusen.go.jp/topics/internet.html

■関連法規
- 不正アクセス行為の禁止等に関する法律第3条（不正アクセス行為の禁止）
- 刑法第175条（わいせつ物頒布等），第230条（名誉毀損）

2 職務規律

職員間のトラブル
◉口論・けんか

対処　図書館でできること

- 当事者を事務室等に移動させる。
- 所属長かそれに準ずる者が複数で仲裁する。
- 何が原因で口論となったのか，双方の聞き取りをする。
- 必要に応じて，議論の内容を全職員で話し合うなどして共有する。

ポイント

- 利用者の前で争わない。
- 館内で立場や勤務形態が異なるスタッフが多く，コミュニケーションがうまくいかない場合もある。
- どちらの肩も持たない。館内でけんかをすることが問題。

予防／備え

- ミーティングやレクリエーション等を行い，職員間のコミュニケーションを維持する。
- お互いに信頼関係を築く。

こんなときにはどうするの？　〜考えておきたいこと

- 「一緒に仕事ができない」と担当替えを希望された場合，どうしますか？

■関連法規
- 地方公務員法第30条（服務の根本基準），第32条（法令上等及び上司の職務上の命令に従う義務），第33条（信用失墜行為の禁止），第29条（懲戒処分）

職員によるSNSでの不用意な発言

●写真・画像・動画の投稿

対処　図書館でできること

- 発言を削除し，すみやかに謝罪する。
- 内容によっては，状況の説明や責任者のコメントを公表する。

ポイント

- 誰が見るかわからないということを常に意識する。
  閉じられたネットワークによるものでも，不正アクセスなどにより公開されてしまうこともある。
- 「図書館は利用者の秘密を守る」(「図書館の自由に関する宣言」)ことを常に意識する。
- 匿名で情報発信していても，誰だかわかる人はいる。
- メールで個人に送信した情報でも，転送などにより広まってしまうことがある。
- 緊急時，被災時の情報発信は，個人ではなく図書館として発信するのが基本である。
- 一度投稿をすると，削除してもあっという間に拡散してしまう。
- 公にされていない(してはいけない)情報については発言しない。

予防／備え

- 図書館職員への情報倫理教育を行う。
- 図書館として発信する場合，誤った情報を発信しないためにチェック体制を整える。
- プライベートでも発言には十分注意する(特に飲酒をしたとき)。
- 非常時以外，館内で携帯電話を出したり，使用したりしない。
- フィルタリングソフトやウイルス除去ソフトを導入する(なりすましやアカウント乗っ取りを防ぐため)。

こんなときにはどうするの？　〜考えておきたいこと

- 「こんなことをつぶやいてもいいの？」というつぶやきを見つけたら，どうしますか？
- 自分の発言があっという間に広がっていたらどうしますか？

■参考文献
- 白井豊『情報・倫理・知的財産』ゆたか創造舎，2010
- 大橋真也ほか『ひと目でわかる最新情報モラル　ネット社会を賢く生きる実践スタディ』第2版，日経BP社，2011

■参考サイト
- 一般財団法人インターネット協会　http://www.iajapan.org

■関連法規
- 地方公務員法第30条（服務の根本基準），第32条（法令上等及び上司の職務上の命令に従う義務），第33条（信用失墜行為の禁止），第34条（守秘義務），第29条（懲戒処分）

🌱 こんなことまでつぶやいていいの？

　Twitterやブログ，メール等，インターネットを介して発信した情報は，簡単には消えません。情報発信者が知らぬ間に，コピーや転送，利用されていることがあります。

　図書館について個人的に書くときには，すでに公にされている情報か，個人情報は守られているかなど，注意しなければいけません。たとえばインターネット上で，使っている図書館関連製品についてネガティブな情報をつぶやいたり，利用者のマナーについての悪口を書いたり，図書館で眠っている人の写真を公開したりされているのを見たことがありませんか？

　ハンドルネームを使っていても，場所，行動，友人関係，投稿写真などから図書館名や本人だと特定できる情報を発信してしまっていることがあります。たとえば，スマートフォンで撮影した写真には，位置情報がついたままのものもあり，場所を特定されてしまうことがあります。つまり，どこのことだかわからないだろうと思って発信した情報が，どこの図書館のことか知られてしまっていることがあるということです。どこの図書館かがわかれば，誰が発信した情報かも特定されやすくなります。

　もちろん，個人情報をつぶやかないということも大事ですが，自分だけでなく利用者や他の職員のプライバシーも守る必要があります。

　図書館への信頼を損なうような情報発信は，自分だけでなく，図書館や図書館界全体への不信感につながります。

職員の問題行為

- ●施設の鍵の無断複製
- ●資料の無断持ち出し
- ●資料の除籍，転売，横領
- ●収賄

対処　図書館でできること

- 発見した際はすぐにやめさせ上司に相談する。
- 証拠書類に基づいて事実を確認する。
- 組織の規定に基づいた処分を行う。

ポイント

- 鍵をIDカード式にするのが有効(最善だが費用はかかる)。
- 貸与品(鍵・制服・服務規定など)の管理を徹底する(異動時，退職時には必ず返却)。
- 悪質な場合は，自治体内の懲罰委員会への提出，警察への告訴を視野に入れる。
  ＊弁護士とも連携をとる。
- マスコミで報道された場合，自治体の危機管理部署等との連携，記者会見などの危機管理広報体制を明確にしておく。
- 勤務する職員を委縮させないように注意。
- 他の職員の協力を得ることもある。

予防／備え

- 「犯罪であること」をすべての職員に周知する(コンプライアンスの徹底)。
- 倫理規定を中心とした職員研修の実施を行う。
- 定められた手続の徹底。
- 鍵の一元管理と管理票の作成。
- 複製できない鍵への変更。

- 定期的な鍵の付け替え。
- 複数の目がある職場環境を目指す。
- 職員間のコミュニケーションを良好にする。

こんなときにはどうするの？ 〜考えておきたいこと

- 図書館の通信用の切手を着服していた職員がいた場合，どうしますか？
- 臨時職員が，新刊やネットオークションで高値で取引されている本を転売していたらどうしますか？

■参考文献
- 山重壮一「図書館員の健康管理　安全衛生委員の立場から」『図書館雑誌』98（11），2004，p.842-844
- 鑓水三千男『図書館と法　図書館の諸問題への法的アプローチ』日本図書館協会，2009（JLA図書館実践シリーズ12），p.161
- 高井伸夫法律事務所編『現代型問題社員対策の手引　正しい配転・退職勧奨・解雇の実務』民事法研究会，2007
- 高橋克徳ほか『不機嫌な職場　なぜ社員同士で協力できないのか』講談社，2008（講談社現代新書）
- 高橋克徳『職場は感情で変わる』講談社，2009（講談社現代新書）
- 河合太介，渡部幹『フリーライダー　あなたの隣のただのり社員』講談社，2010（講談社現代新書）

■関連法規
- 地方公務員法第30条（服務の根本基準），第32条（法令上等及び上司の職務上の命令に従う義務），第33条（信用失墜行為の禁止），第34条（守秘義務），第29条（懲戒処分）
- 刑法第252条（横領罪），第235条（窃盗罪），第197条（収賄罪等），第197条の3（加重収賄等罪）

職員によるストーカー行為

　職員が利用者や同僚にストーカー行為を始めてしまったらどうしますか。「職員がストーカー？　ありえない‼」ではなく，さまざまな立場の人が働いている図書館では発生する可能性が高いと考え，相談を受けたら，現場を目撃したら…事態を想定し対処を考えることも必要です。

　立場や不確定な要素もあって声はなかなかあげられないかもしれません。しかし，ストーカー行為は犯罪であり，エスカレートすれば大きな事件に発展してしまう可能性もあります。見て見ぬふりは避け，被害を受けている人に積極的に話しかけていくこと，ストーカー行為を受けていることを訴えた人の話を親身に聞くことが大切です。相談をしても「それは，あなたがいつも笑顔でその人に対応するから」とか「あなたがその人に優しいから」などと，被害者に原因があるような言い方をしてしまうことは禁物です。また，心の傷を負ってしまった際のケアを考えることも大切です。

　そして，ストーカーとなってしまった同僚をどうするか，早急に責任者を交え行為をやめるように説得しなければなりません。場合によっては警察に相談することや配置換えや異動，厳しい処分もありえますが，その際はストーカー行為を二度と行わないことを確認しなければ，繰り返したり，エスカレートしたりする場合もあります。

　ストーカーを出さないよう，定期的な職員研修の実施や個人情報の厳密な扱い，ストーカー行為を行った際の処分（どうなるか）等を徹底させることも防止策として有効です。

③ その他

いたずら電話・セールスの電話

対　処　図書館でできること

- 無言電話の場合は図書館であることを言って，応対がないから切ることを伝える。
- 業務とは関係のない電話(物品販売・あっせん)は，基本的に受け付けないことを言ってきっぱり断り，電話を切る。曖昧な返事や対応はしない。
「いりません」「必要ありません」ときっぱり断る。
　＊「結構です」は肯定の言葉にとられることもあるので注意。
- セールスの電話で「館長」「係長」「上司の方」等と求められても，つなぐ必要はない。→ コラム「電話の受け答え」(p.88)
  - 例「館長は不在です。折り返しこちらから電話をいたしますので，電話番号とお名前を教えてください」
- わいせつ電話，いたずら電話は相手にせずすぐに切る。
  →「職員へのつきまとい・わいせつ電話」(p.86)
- ナンバーディスプレイで番号を確認し，対応や手口を記録しておく。

ポイント

- 図書館では，利用者および勤務中の職員に対しての営業や布教活動は認めていないことを相手にはっきり伝える。
- 聞いたことのないような会社や若い人の声で「館長いますか？」「上司の方いますか」などと妙に親しげに話しかけてくるときは要注意。
- 最初からむやみに名乗らない。
　＊電話で「○○図書館の△△です」という受け方をしている館が多いが，名前を覚えられて個人宛にしつこく電話をされた，訪ねてこられたというケースもある。
- 電話を切る勇気をもつ。
- 録音機能付き電話機の導入。

予防／備え

- 職員間で対応を統一する。電話を受けた人だけの問題ではない。
- 勧誘の手口を職員全員で共有する。
   > 例 会社名を名乗らず，一方的に「館長いますか？」「あなたの名前をおしえてください」などと話す。
- セールスの電話は，ナンバーディスプレイで番号を確認。会社名，担当者名がわかる場合は，全員で情報を共有。
- 自治体の担当部署や消費生活センターとの事例の共有。

こんなときにはどうするの？ ～考えておきたいこと

- 無言電話が続く場合，どうしますか？
- 話し相手がほしくて電話してくる場合，どうしますか？
- 精神的に不安定な人からの電話には，どう対応しますか？
- 職員数の少ない時間帯にいたずら電話がかかってきたら，どうしますか？

■参考サイト
- 独立行政法人国民生活センター　http://www.kokusen.go.jp/

■関連法規
- 刑法第222条（脅迫罪），第233条（偽計業務妨害罪）
- 迷惑行為防止条例（電話等による嫌がらせ行為等の禁止）
   ⇒立法例（千葉県条例）
   （電話等によるいやがらせ行為等の禁止）
   第12条　何人も，みだりに，電話若しくは文書を利用して，虚偽の事項若しくは卑わいな事項を告げ，若しくは粗野な言語若しくは乱暴な言葉を用いて，又は電話の使用して何も告げず，著しく不安又は迷惑を覚えさせるような行為をしてはならない。
   　2　省略
- 特定商取引に関する法律第17条（電話による勧誘の拒否）

> **法律ミニ知識**
>
> 《立法例》
> 　法律であれば法令集などにより容易に該当規定を参照できるでしょうが，各自体の例規集の場合には，各自治体のホームページを経由して検索しなければなりません。きめ細かい確認が必要になります。

職員による犯罪・被害

●パワーハラスメント

対処　図書館でできること

- 所属長，あるいは職員担当部署に申し出る。
- 通報があった場合は事実確認を慎重に行う。
- 馴れ合いで済ませたり，先送りしたりしない。

ポイント

- パワハラへの理解を深める。
- 自分はパワハラと思っていなくても，相手はそう感じている場合もある。
- 相談，苦情の処理にあたる者は，関係者の私的事項の保護，関係者が不当に不利益な扱いを受けることがないよう注意が必要。
- 被害者の気持ちを考え行動する。
- 部下から上司に対するハラスメントもパワハラになる。

予防／備え

- どのような行為がパワハラにあたるか，組織として研修会を実施する。
- 自分の性格を理解するためにも「パワーハラスメント・加害者度チェック」表などでチェックし，自覚する。
- 職場内のコミュニケーション不足を解消し，人間関係を円滑にする。
- 伝えたいことや思っていることはしっかり伝え，議論のできる環境を構築する。
- お互いに言葉や態度などで勘違いや不足している部分がないか検証する。
- 勤務シフト，勤務形態が多様である図書館では，全員が顔を合わせ，コミュニケーションをとれるような機会を設ける。
- パワハラを受けている人は，一人で悩まず，誰かに相談する。

こんなときにはどうするの？　〜考えておきたいこと

- 同僚からパワハラの相談を受けたらどうしますか？
- 上司から「おまえの発言は査定に響くぞ」といわれたらどうしますか？

■関連法規

- 地方公務員法第30条（服務の根本基準），第32条（法令上等及び上司の職務上の命令に従う義務），第33条（信用失墜行為の禁止），第29条（懲戒処分）
- 刑法第230条（名誉毀損）
  ＊上司が職員に対して衆人環視の中で，公然と事実を摘示して名誉を害した場合には，名誉毀損罪に該当する場合がありえます。
- 刑法第231条（侮辱罪）
  ＊程度問題ではありますが，事実を摘示しなくても公然と侮辱した場合には，侮辱罪が成立することがあります。

「うちにかぎって！絶対ない」

　パワハラ・セクハラは大人の組織だけ？　子どもでは「いじめ，幼児虐待」，夫婦では「ドメスティックバイオレンス」，高齢者では「高齢者虐待」。また，児童・生徒が先生の言うことを聞かず「学級崩壊」に陥ることは「逆パワハラ」。飲み会の席での飲酒の強要は「アルハラ」。大学では教員が学生に対しての言動が「アカハラ」となる事例もあり，現代社会においてはギスギスしがちな人間関係すべてが「○○ハラスメント」につながっていく要素を持っています。「相手が嫌がること，相手が不快に感じること」すべてがハラスメントとされるため，言動には十分注意したいものです。

　では，あなたの職場はどうでしょう。常勤・非常勤，委託や指定管理の社員と自治体の職員という複雑な職場の構成。業者だから…，職員だから…というさまざまな場面で起こる微妙な力関係や序列。また，利用者にも働く人にも女性が多く，男性の無理解や誤解が女性の不信感を増大させているという事例もあります。そのような状況下では「○○ハラスメント」が発生する要素が非常に高くなってきています。

　多くの自治体や企業は労働衛生の維持向上・社会的責任，組織崩壊を防ぐ危機管理の一環として，「ハラスメント」に向き合い，その防止に取り組んでいます。事例や判例をホームページ（HP）などで公表するほか，具体的な取組には，意識改革講座の開催，ガイドラインや法的根拠の罰則例を提示するほか，身近には被害者の度合いだけでなく加害者度のチェック表も作り，意識啓発や注意喚起を呼びかけています。

　「うちにかぎって！」ではなく足元を見つめ直すためにも一度，次のHPで

チェックをしてみましょう。

【パワハラ・セクハラチェックサイト】
- 厚生労働省ポータルサイト「みんなで考えよう！職場のパワーハラスメントあかるい職場応援団」
  http://www.no-pawahara.mhlw.go.jp/sitemap
  厚生労働省委託事業として，2012年10月1日に開設。
- 厚生労働省「セクシャルハラスメント」
  http://www.mhlw.go.jp/general/seido/koyou/danjokintou/kigyou01.html

【法的なもの】
- 刑事上の責任
  名誉毀損罪（刑法230条），侮辱罪（刑法231条），強要罪（刑法223条）
- 民事上の責任
  不法行為の一般的要件・効果（民法709条），使用者責任（民法715条）
- 使用者の責任
  業務中や業務の一環としての時間に起こった場合は，連帯責任を問われる。見て見ぬふりはできない。

【事業所での具体的な取組事例】
- 龍ケ崎市役所人事課「知っていますか？パワーハラスメント～パワーハラスメントのない職場」
  http://www.city.ryugasaki.ibaraki.jp/procedure/2013081505812/
- 豊川市「パワーハラスメント防止に関する市の取組について」
  http://www.city.toyokawa.lg.jp/shisei/jinnjishokuinsaiyo/kenshu/komugaisaigai.html
- 厚生労働省提言の基となった「職場のいじめ・嫌がらせ問題に関する円卓会議ワーキング・グループ報告」参考
  http://www.mhlw.go.jp/stf/shingi/2r98520000021hkd.html
- 島根県「ハラスメントをなくすために職員が認識すべき事項についての指針」
  http://www.pref.shimane.lg.jp
  http://www.pref.shimane.lg.jp/kyoikuiinkai/iinkai/syokuba/boushi.data/boushibessi1.pdf
- 愛知工業大学「Stop Harassment みんなでつくろうハラスメントのないAIT」
  http://www.ait.ac.jp/gaiyou/harassment/pdf/2-1.pdf

職員が事件・事故に巻き込まれたとき

➡移動図書館車の事故 (p.114)

対処　図書館でできること

- 複数の情報源から事実，状況を確認する。
- 職員の動揺を抑える。
- 心のケアの実施。
- 情報(事実)を共有する。
- 保険会社への連絡(事故の場合)。
- 自治体の総務部門(危機管理担当)，教育委員会との情報共有。
- マスコミ対応や利用者からの問い合わせなどに対しては，窓口を一本化する。
- 正確な情報，事実を職員に伝える。

ポイント

- 職場では場合によってさまざまな事件後の対応が求められる。
  - ➡コラム「被害の連鎖」(p.7)
- 把握している情報をどの程度外部に報告するのか，情報の錯綜防止，一元管理に努め，職員の個人的で安易な発言は慎む。
- 危機管理広報の担当者や内容を明確にしておく。
  - ＊広報(文書やホームページ)に掲載する内容，記者会見の方法など。
- 事件，事故発生後から時系列に状況は変化するので注意が必要(逮捕，職員の処分，裁判など)。
- 弁護士との連絡を密にする。
- 迅速な対応を行う。隠蔽，事後報告等は避ける。
- 個人として訴えられた際の保険として，公務員賠償責任保険などの加入を検討(互助会や職員組合等の団体で加入)。
- 図書館で加入している保険の確認。

予防／備え

- 突発的な事故等への予防は難しいが，自分の心がけで防げる事件や事故もあるので，常に公共の施設で働く者としての自覚を持つ。
- マスコミや利用者対応のためのマニュアルを作成しておく。
- 職員間で緊急連絡網をつくっておく。

こんなときにはどうするの？ ～考えておきたいこと

- 裁判中の元職員について，マスコミから問い合わせがあった場合どうしますか？

🌱 重大な事故・事件が発生したら

　万一，重大な事故や事件が図書館で発生してしまったら，どうしますか？
　被害を最小限におさえるために，情報開示を基本とする対応が必要になります。クライシスコミュニケーションは，図書館の誠意を示すためにも，とにかく急がなければなりません。
　まず，正確な情報をすみやかに収集するとともに，全職員が，重大な事件（事故）が起きたことを認識しなければなりません。そして，できるだけ早く事件（事故）の事実があることを公表し，謝罪します。この時点では，情報は小出しにせず，「調査中であるため，具体的な対応については後日公表」とするなどし，事実の確認と対応が決定してから，正式に公表します。
　公表する際は担当者を決め，他の人は見解を述べないようにします。複数の職員が見解を述べると，ささいな矛盾や，個人の思い込みが強調され，誤った情報が広まってしまうおそれがあるからです。職員全員が軽はずみな言動を慎み，冷静に行動することが求められます。

参考文献
- 甘利康文「情報漏洩等のクライシスが発生した場合のクライシスコミュニケーションのヒント」『こんなときどうするの？　図書館での危機安全管理マニュアル作成の手引き』日本図書館協会，2005，p.69

参考資料

ここでは、実際にみなさんが書き込みをしたり、資料を活用し危機管理に役立つグループワークができるような資料をまとめています。これによって危機対応への意識を高め、危機を未然に回避するほか、被害の拡大防止ができるようなトレーニングを重ねてください。

危機・安全管理チェックリスト［例］

　このリストを参考に自館のチェックリストを作り，定期的に確認・見直しして全員の危機・安全管理意識を高めましょう！

サービス編

- ☐ 来館者には笑顔であいさつすることを励行している
- ☐ 職員（特に女性）が一人でカウンターにいないようにしている
- ☐ 不審な行動をとる人物に対応するときは複数の職員で行っている
- ☐ 来館者の様子に常に気を配っている
- ☐ カウンターなどの利用者の目につく位置にカッター・はさみ・セロテープ台などを置いていない
- ☐ 不審な行動をとる人物に対して職員全員が情報を共有している
- ☐ 近隣で起きた事件を全職員が把握している
- ☐ 近隣の学校と事件・事故等の情報の共有を行っている
- ☐ 実際に発生した事例を検証しロールプレイなども行い再発防止に努めている
- ☐ 利用者情報・プライバシーの保護に気をつけている
- ☐ 職員すべてにサービスの基本を徹底し，同じ水準のサービスができている

管理編

- ☐ 危機管理マニュアルを作成している
- ☐ 事業継続計画を策定している
- ☐ 危機管理マニュアルを用いて各種訓練を行っている
- ☐ 警察・消防等の緊急連絡先の電話番号簿を作成している
- ☐ 職員用の緊急連絡網ができている
- ☐ 教育委員会・役所に応援を要請する体制が整っている
- ☐ 外の植え込みや建物の陰などの巡回をしている
- ☐ 館内外のトイレ，死角の巡回を行っている
- ☐ 鍵の管理・出入り口の安全確認を毎日実施している
- ☐ 閉館時の火の元チェック・施錠チェックを行っている
- ☐ 接遇・救急救命・著作権などの職員向け研修を年1回以上開催している
- ☐ 近隣の図書館サービス内容を理解している
- ☐ 職場内の雰囲気を良好に保つように工夫している

個 人 編

- [ ] いつも笑顔であることを心がけている
- [ ] 言葉遣いは丁寧である(「ありません」「わかりません」は言わない)
- [ ] 利用者の話をよく聞いている
- [ ] 健康管理に気をつかっている
- [ ] 「図書館の自由に関する宣言」を意識してサービスしている
- [ ] 新しい図書館に関する新しい法令,制度を理解するよう努めている
- [ ] フロアワーク等で積極的に利用者に声かけをしている
- [ ] 事務室内の来客には必ずあいさつしている
- [ ] 利用者をひいきしないように心がけている
- [ ] 子どもには「子ども目線」で話している
- [ ] 利用申込書・リクエスト用紙は必ず裏返している
- [ ] カウンター内での私語は慎んでいる
- [ ] 安全確認,美化のため利用者用トイレも使用している
- [ ] 新聞・テレビなどで地域情報をチェックしている
- [ ] 事務室内でも財布・保険証・携帯電話などの貴重品を一緒にしていない
- [ ] 事件・事故発生時,まず何をすべきか心得ている
- [ ] 避難訓練等に真剣に取り組んでいる
- [ ] 救急救命講習を受講している
- [ ] 大きい声を出す訓練をしている
- [ ] 自治体の防災計画を理解している
- [ ] 近隣のハザードマップが頭に入っている
- [ ] 地域の災害史に詳しい

災 害 編

➡ 「みんなで考える図書館の地震対策」のチェックリスト参照

みんなでつくろう！リスクマップ

　図書館で起こる可能性のあるリスクについて，考えたことはありますか？
　リスクの大きさを事前に考え，合理的な方法と適切な対処策を講じておくことが重要です。リスクはその図書館が置かれている環境などによって異なります。リスクマップをつくることは，危機管理マニュアルづくりの第一歩です。リスクマップをつくり，対策を考えておくことからはじめましょう。

▶ステップ１

　まず，次のようなリスクマップの概念図をつくり，「回避」，「転嫁」，「制御」，「保有」の四つの大まかな対処策をイメージします。

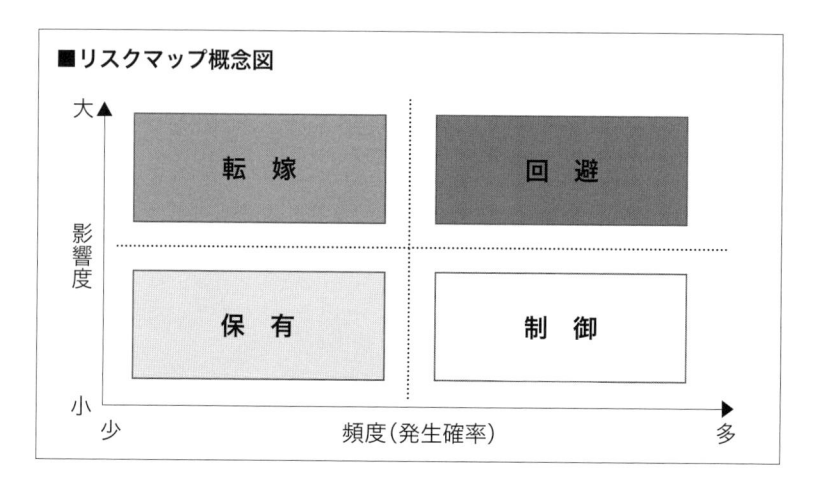

■リスクマップ概念図

（縦軸：影響度　大／小，横軸：頻度（発生確率）少／多）

左上：転嫁　　右上：回避
左下：保有　　右下：制御

　この「回避」，「転嫁」，「制御」，「保有」の四つとは，それぞれ次の対処法をとることを意味します。

■リスクの対処法
「影響度→大」「頻度→多」➡回避：とにかく避ける対策をとる
「影響度→大」「頻度→少」➡転嫁：専門機関（損害保険会社など）と契約し他機関にリスクを移転する。
「影響度→小」「頻度→多」➡制御：頻度を少なくするように働きかけ，その上で「保有」，もしくは「転嫁」する。

▶ステップ２

　リスクマップ概念図の上に，実際に起こりうるリスクを書き置くことで，リスクマップをつくります。このときの作業は図書館職員全員で行うことが

望ましいです。模造紙にリスクマップを記入し付せんを用いてリスクを記入していきます。

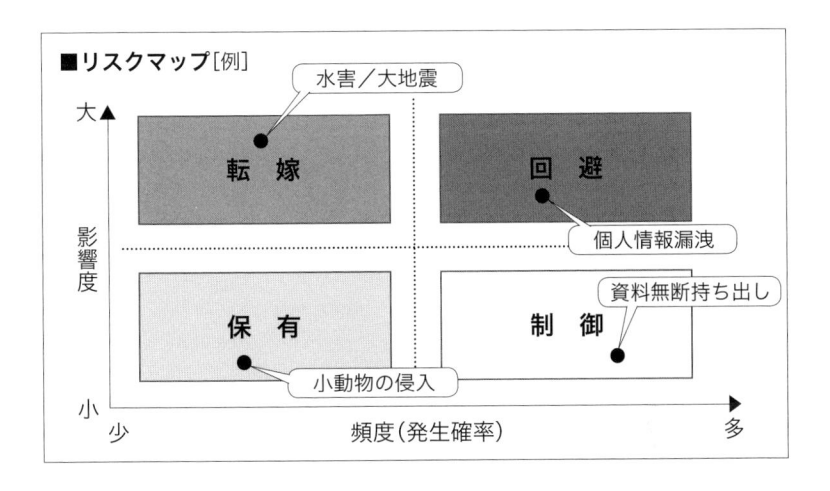

■リスクマップ［例］

影響度（大〜小） / 頻度（発生確率）（少〜多）

- 転嫁：水害／大地震
- 回避：個人情報漏洩
- 保有：小動物の侵入
- 制御：資料無断持ち出し

▶ステップ３
　できあがったリスクマップをもとに，具体的な対処策を全員で考えます。

▶ステップ４
　ステップ３で考えた対処策をまとめることで，図書館独自の危機管理マニュアルができます。

　この作業で大切なポイントは，図書館職員全員がかかわることです。それぞれの立場や視点でどのように対処するのかをマップ作成時に明らかにしながら模索していくことが求められます。そして，さまざまな議論をすることも欠かせません。できないことや不可能と思われること，図書館では起こりそうにないようなリスクも含め，積極的に話題にして対処法を考えることが個々の危機対応力を高めます。
　また，マップ作成時にはコミュニケーション能力やリーダーシップも求められます。マップやマニュアルはつくる過程が非常に大切です。職員全体で議論することを楽しみながら作成してみてください。

KYT（K＝危険，Y＝予知，T＝トレーニング）※

　みなさん，「ヒヤリハット」という言葉を聞いたことはありませんか。工事・医療・介護現場でよく使われています。勤務中にヒヤリとしたことや，ハッとしたことなど，一歩間違えば自分自身も相手にも危険が及ぶ，その手前のことを指した言葉です。図書館でも思い当たることはないでしょうか。

　この「ヒヤリハット」を未然に防ぐにはどうしたらよいか，日常から「ヒヤリハット」事例を収集しみんなで共有することと，それらの事例を活用し実際に訓練をすることが大切です。それが「危険予知トレーニング」（KYT）です。危険を未然に察知し，回避する方策のひとつとして各方面で活用されています。訓練を重ねることによって，危険を予想する能力を身につけ，作業を安全に行え，利用者を守ることにもつながっていきます。

※KYTとは：1973年住友金属和歌山製鉄所が発祥とされ，中央労働災害防止協会で推進しているものです。医療KYT，子ども会KYTなどはそれぞれ改変してできています。
中央労働災害防止協会ホームページ　http://www.jisha.or.jp/zerosai/kyt/

【KYTの考え方・進め方】

　事例をもとに，ブレーンストーミングで段階を踏んで防止策を考えます。

第1ラウンド（現状把握）　➡図書館内で事故やケガ，災害時に危険と思われる場所を具体的に列挙します。

第2ラウンド（本質追究）　➡第1ラウンドで出された危険（リスク）を次の3つのポイントに絞り込みます。
　① 自分とみんなの話し合いで関心の高いもの
　② 重大事故につながるもの
　③ 緊急に対策が必要なもの

第3ラウンド（対策を立てる）　➡第2ラウンドで絞り込んだ危険に対して，その対処を考えます。
　① 具体的で実施可能なもの
　② 特に組織（チーム）としてこうすべきだと考えるもの

第4ラウンド（目標設定・実行）　➡行動目標設定（まとめ）をするとともに，具体的な行動，改善を行います。
　① すぐに実施する必要のあるもの
　② どうしてもやらなければならないもの

　次のサンプル事例を参考にして，みなさんの図書館でKYTに挑戦してみましょう。

【サンプル事例】

状況：閉架書庫の入口（写真右）

現在，資料出納のため職員1名が入庫中です。

第1ラウンド（現状把握）

➡ この写真の中でどこに危険が潜んでいると思いますか。

(1) 日常業務の中で潜んでいる危険・事故につながること
   ① 書庫のドアを開けたら，踏み台に足をぶつける
   ② 電気ストーブのコンセントに足をからませて転ぶ
   ③ 踏み台と電気ストーブに気を取られ洗濯物（タオル）が顔にからまり転倒

(2) 大地震や火事が発生した場合の危険・事故につながること
   ① 避難するときに踏み台，電気ストーブのコンセントが行く手を阻み転倒，または足をぶつける
   ② 地震により印刷機が入口に移動して，避難時に印刷機に身体をぶつける
   ③ 揺れで印刷機が移動，入口をふさぐ⇒書庫に閉じ込められる
   ④ 地震により停電，書庫内は視界不良となり図書が落下して本の下敷きになり，行方不明となる

第2ラウンド（本質追究）　この中でのポイントを選びます。絞り込みです。

(1) 日常業務の中で潜んでいる危険・事故につながること

   危険（リスク）➡①②

   ※書庫から出る際，遭遇するのは，①踏み台，②コンセントがケガの発生元となることから選択しました。

(2) 大地震や火事が発生した場合の危険・事故につながること

   危険（リスク）➡①

   ※地震発生時は書庫から緊急に脱出する必要があり，日常作業の面での職員の意識改革が必要と考え①を選択しました。

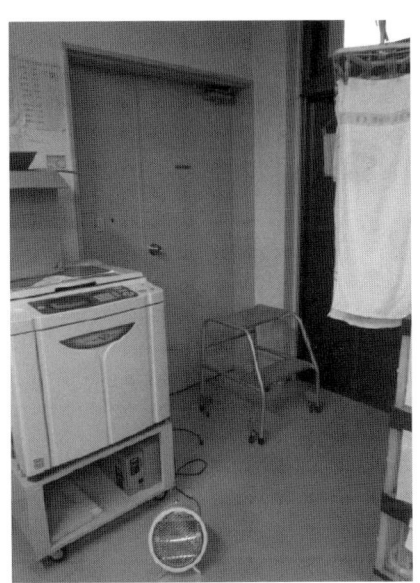

> 《参考》
> (1)-③は洗濯物を干す場所を変える,(2)-②③はリース物件・備品購入時であれば仕様書などに「車輪の固定金具」の設置義務を明記すればリスク軽減,回避ができます。ただし,(2)-④については発生を防ぐというより発生後の対応方法の備えが必要です。発生時には,迅速な対応ができるルール化が必要と考えます。

第3ラウンド(対策を立てる)　ブレーンストーミングでどんどん出します。
(1)　日常業務の中で潜んでいる危険・事故につながること
　①　書庫入室時は踏み台,電気ストーブを片付けて入る
　②　整理整頓をスタッフ会議で申し合わせる
　③　洗濯物を干す場所を変える
　④　印刷機の車輪に固定金具を付ける
(2)　大地震や火事が発生した場合の危険・事故につながること
　①　(1)-①②を徹底する
　②　書庫入室時は,ドアを開放しドアストッパーをはめ込んで入室する
　③　書庫入口に入庫者名簿(入庫時間と氏名)を設置し記入を徹底する
　④　書庫に閉じ込められた際の救出手順・方法・対応の流れとルールを作り,備える
　⑤　災害発生時は入庫者名簿の確認,救出者がいる場合は,救出方法のルールと臨機応変の速やかな対応
　※③〜⑤は危険・事故につながるというより,発生後の速やかな対応への備えであるため,参考表記。

第4ラウンド(目標設定・実行)
　第2ラウンドの危険(リスク)を踏まえ,第3ラウンドで出された中で,個々が意識して取り組む必要があるもの,実行可能なもので設定します。場合によっては,この事例では標語としてドアなどに明記するのも効果的かもしれません。

　　例　備品類の整理整頓,入庫時には入室者を記載,ドアストッパーで災害時の避難路確保! よし!
　　※サンプル事例の回答例以外でも危険と対処がありますので,見方を変えて脳内トレーニングのつもりで試してみてください。

参考資料
- 中央労働災害防止協会編『危険予知活動トレーナー必携』第2版,中央労働災害防止協会,2011
- 難波賢輔著『イラストでわかるこれだけは守ろう安全の知識』清文社,2005
- 労働調査会編『改訂2版　危険予知訓練マニュアル』労働調査会,2003

防災教育の方法

　防災教育には，下記の3つの枠組みがあり，その対象も，「市民」防災教育，「学校」防災教育，「専門」防災教育に分類できると指摘されています(立田，2013)。

> ① Survivorとなる防災教育
> 　「被災地」において自分の命を守る。危険回避の判断力，ハザードの知識，水・食料の確保，避難方法など。
> ② Supporterとなる防災教育
> 　「被災地」「被災地外」において人を支援する。救出・救助，ケガの手当て，AEDの使い方，避難所の設営，心のケア，募金活動，救援物資活動など。
> ③ 市民力を育む防災教育
> 　「被災地外」において，日常的に社会に参画する市民リーダーの育成。社会への貢献，情報の評価，自立的な行動力，ボランティア活動への参加など。

　その方法として，講義，実技訓練，討論型図上演習，対応型図上演習などがあります。演習の多くはシミュレーション型ですが，多大な労力をかけて準備することなく，小さな図書館でもできる方法があります。代表的な具体例を複数の文献などから簡単に紹介します。

① ゲーミング(防災ゲーム)

　市販の情報カードなどを用いたグループのゲーム形式による問題解決型のシミュレーションです。たとえば，「ぼうさい駅伝」，「クロスロード」，さらには各地の学校で開発したさまざまなゲームがあります。

② 危険予測型演習

　地震，大雨の通学路，避難場所までの経路など，どのような危険があるのかを予測し，対処方法，具体的な行動を考える方法です。

③ 状況予測型演習

　危機が発生した後，10分後，30分後，1時間後…など，経過時間ごとの対応策をグループで考える方法です。天候，時刻(朝・夜)，曜日，季節なども事前に設定されています。

④ DIG（Disaster Imagination Game）

　グループで地図を囲み，危険個所を地図に書き込み，避難の方法・場所など考え共有する演習です。地形図のみならず，図書館内のフロア図も同様の方法で活用できます。

⑤ アースシステム教育(ESE)

ESEは，科学，日常生活，他教科と関連させる総合的な理科教育です。惑星としての地球システムを総合的に理解するため7つの視点・目標が設定されています。この視点・目標を活かした防災教育です。防災について，地形，環境教育，技術の進歩，自然，空間，キャリア教育など，複眼的な見方により考えます。

⑥ 対応型演習

やや大がかりな演習ですが，コントローラー(管理者)と複数のプレイヤーに分かれ，疑似的な災害状況下での対応を実際に行動して演習します。情報収集・伝達，意志決定が正しく組織内で行われるかを確認します。模擬記者会見を行うところもあります。

⑦ 防災まち歩き

防災の視点にたって，実際に地域(館内)を歩き，写真を撮るなどし，危険な箇所や災害時の課題をグループで地図に記入する演習です。

この他にも，実技訓練として避難場所設営訓練，炊き出し訓練など，多くの方法があります。もちろん，応用演習として，複数の方法を組み合わせることもできます。たとえば，役職，係分担なども想定に入れ，危機発生時から1時間後までをシミュレーション(状況予測型演習)できるでしょう。

重要なのは，こうしたグループワークや防災ゲームを実施した後，よかった点や改善点などを参加者とともにしっかりと振り返り，現場で主体的に行動できることを考えることにあります。

他方で，心のケア，心の変化のメカニズムを知ることも防災教育に取り入れる重要性が指摘されています。「生きる力」「思考力」「予測力」とともに，「回復力」も防災教育の目標の課題として指摘されています。

引用・参考文献

- 矢守克也ほか『防災ゲームで学ぶリスク・コミュニケーション　クロスロードへの招待』ナカニシヤ出版，2005, 175p
- 吉井博明，田中淳編『災害危機管理論入門　防災危機管理担当者のための基礎講座』弘文堂，2008 (シリーズ災害と社会　3)
- 吉川肇子ほか『クロスロード・ネクスト　続：ゲームで学ぶリスク・コミュニケーション』ナカニシヤ出版，2009
- 「東日本大震災を受けた防災教育・防災管理等に関する有識者会議最終報告」2012.7

http://www.mext.go.jp/b_menu/shingi/chousa/sports/012/toushin/__icsFiles/afieldfile/2012/07/31/1324017_01.pdf
- 渡邉正樹『今，はじめよう新しい防災教育　子どもと教師の危険予測・回避能力を育てる』光文書院，2013
- 立田慶裕編『教師のための防災教育ハンドブック』増補改訂版，学文社，2013
- 石川敬史「みんなで考え，その日に備える　小さな図書館でもできるシミュレーションの紹介」『びぶろす』64，2014.4
http://ndl.go.jp/jp/publication/biblos/2014/4/02.html
- 公益財団法人市民防災研究所　http://www.sbk.or.jp/

2009年から14年までの危機事例

2009年から14年までに編集チームのメンバーが収集した，大学図書館を含む各地の図書館の危機事例を紹介します。これらの事例は決して特異なものではなく，全国的に同じような傾向の事例がみられます。ただし，事例は共通しているものの，対処法は各館で異なるので，ここに記入されている対処をそのまま使うことは避けてください。あくまでも現代の図書館で起きているトラブルを紹介しているだけであり，事例への適切な対処法やアドバイスとは異なることを念頭に読んでください。

利用規則の違反，過剰要求	対　処　法
所蔵調査を依頼された資料が延滞資料であったため，すぐに返却を要請すると伝えたが「今すぐ返してもらえ！」などと5分ほど大声で怒鳴られた。	①延滞の利用者に連絡 ②すぐに返却に来てくれたが，依頼者とのトラブルを避けるため入口付近で本を預かり，口頭で注意。 ③依頼者には延滞者に注意したことを伝え，資料を貸出。 【対策として】 ● 新規登録者に対し，申請時に返却期限を守ってもらうことを必ず説明してからカードを渡すよう徹底する。 ● 返却時に画面で期限を確認し，超過していたら声をかける。 ● 掲示物，図書館だよりで返却日を守るよう呼びかける。
図書館で配布している「図書館カレンダー」の休館日の表示が間違っていた（休館日を開館日として表示）ことで，「開館すべきだ」とお叱りを受け，本庁へ訴えに行くと言われた。	表示が間違っていたことに対し謝罪し，その日は月末整理日のため開館できないことを説明した。 ● 教育委員会へ報告。 ● 玄関にお詫びのポスターを掲示。 ● 図書館だよりにお詫びを掲載。
【大学】学外利用者が飲酒，酔っ払って来館（複数回あり）。	職員在席時であったので報告，対応引き継ぎをお願いした。 また，閉館作業直後の，入口開放時に来館の際は，相手の話を聞いた上で落ち着いた口調で閉館した旨説明し，引き取ってもらった。

利用マナーをめぐるトラブル	対　処　法
職員が「図書館内での携帯電話の利用はご遠慮ください」と注意したら，大声で怒鳴り出したので事務室に入ってもらい話をしようとしたが，「携帯がダメだったら，この建物にシ	職員会議で話し合いをし，内容を伝えた。館内に携帯電話の使用禁止は貼ってある。

利用マナーをめぐるトラブル	対　処　法
ールドでもかけたらいいだろう！」と逆上し，収拾がつかなかった。注意した女子職員が謝るまで，わめきどおしだった。	
中学生くらいの子どもが集団でやってきて，子どもの部屋で騒ぐ・飲食・ゲーム等始めることがある。集団だと，注意してもほとんどいうことを聞いてもらえないか，返事だけ，ということが多く困っている。	しつこく何度も注意し，それでも聞いてもらえない，ひどい状態のときには職員の応援を呼んだり，生涯学習課の男性職員を呼んで対処してもらったりする。ただ，役所の職員には土・日対応してもらえないこともあり，自分たちでどうにかしなければならない場合が多い。
子どもが愚図って泣いているのを，別の場所であやしてもらうようにお願いしたら「出て行け」と言われた。	カウンターで「子どもは，泣くもんだ」とさんざん文句を言われ，「もう二度と来ない」と言われた。
子どもの騒ぐ声がエスカレートした際，「静かにしようね」と声かけを行った。後日母親からクレームのメール。「3歳までの子どもには叱ってもわからない。子どものいない人に何がわかる！」という意見が書かれていた。	
利用者同士のトラブル。AとBが背中合わせで勉強していたところ，Aの使用するシャープペンシルを使う音，本を置く音が著しくうるさいとBがAに対して注意した。1時間くらいしてもまだうるさいので口論となる。その際，BがAに対して椅子を蹴る，本で胸をたたくなどの暴力を行った。Aがカウンターへ訴えた。	職員が1人で対応。2人を別々な場所に分けて待機させ，順番に話を聞いた。Bには暴力はよくないと諭し，退館させた。Aには，今後図書館で勉強するときはBが入れない別室を用意することを伝えた（期間限定）。図書館職員，スタッフに報告がなされた。
ガムを噛んでいた利用者に館内飲食禁止の旨を伝えると，ガムが飲食に入るのはおかしい，また，どこに表示がしてあるのか，他の館では職員の前で噛んでいても何も言われなかった，等のご意見。「医療用のガムだ！」と叫ばれた例もある。	館内に案内掲示をしていることを伝え，他館も同様の対応をしているはずなので，おそらく他館では職員が気づかなかったのではないかという点を説明する。その後もたびたび来館，同じ意見を繰り返したが，同様の説明をした。最初に意見をいただいた後，館内に飲食禁止についての掲示を増やした。
インターネットでアダルトサイトや残酷なゲームサイトに行く利用者。以前，出会い系に行く学生がいたため，フィルタリングをかけましたが，検索のしかたにより見られるサイトも多く，規制には限界があります。	規則の提示，フィルタリング等，公共性をアピールするためPCを開けた場所に設置。子どもや障がいのある利用者には徹底が難しいようです。何度も繰り返す利用者の場合は，フロアワークをこまめに行い，「公共の場所ですので」「お子さんもいる場所ですのでご遠慮ください」と注意しています。

利用マナーをめぐるトラブル	対　処　法
体臭の強い利用者や居眠りをする利用者が研究個室の利用をするため、一般の利用者からにおいや正しい利用がされていないとのクレームがあった。	事実確認をするため、その方の利用された日で、居眠りが確認された状態のときに、個別に本人と別室にて面談をし、公共施設であること、他の方の利用もあり最低限のマナールールを守って部屋ごとの決められた利用をしていただけるよう注意を促した。巡回を強化し、同様な事例を見かけた場合は、その場ですみやかに注意を促すよう共通理解をした。
新聞紙をなめた指でめくる人がいるのでやめるよう言ってほしい。ページをめくる音もうるさいと言われた。	注意したところ、相手方に「それは個人の自由だ」と言われてしまった。
「スポーツ新聞を占領して気に入らない」と申し出る利用者。	確認したら、まだ読まれていたので、言いに来た利用者にその旨伝えた。
新聞の閲覧コーナーを利用する方が、当日の新聞を一人占めし、長時間新聞を閲覧し続けたため、同じ新聞を閲覧したい方が利用できず利用者間で言い争いとなり、つかみ合いのけんかに発展した。	閲覧コーナーに、それまでの置き型の新聞掛けのみでなく、立見用の新聞閲覧台の設置をし、利用者に対して私物化せず公共性や、利用しすい環境づくりを心がけ改善策を講じた。1紙ずつの閲覧をお願いする貼り紙を掲示し周知徹底を図るとともに、配架や巡回などでできる限り利用者への目配りを強化。
郵便番号帳が自由閲覧の状態になかったことに憤慨した利用者がいた。	チーフが出て対応したが、さらに激昂した。他の利用者がざわつきだしたので、職員が事務室内へ促し、改めてお話を聞き、落ち着きを取り戻してもらった。
知的障がいをお持ちの方で、館内で大きな声を出す方がいます。特に、CDの試聴中は、歌ったり跳ねたりと賑やかになります。 「館内ではお静かに」とお願いすると、その場では「ごめんないさい」と謝ってくださいますが、また賑やかになります。 また、注意が重なると、「ごめんなさい」と言いながら自分自身を叩く行為に走ることもあります。	「静かにする」という意味がわかりづらいのでは、と思い、「大きな声を出さないでください」等、言い換えた表現を使ってみたのですが、結果は同じでした。 お話を少しでも通じやすくするため、日ごろから信頼関係を築くよう心がけていますが、結果が出ているかどうかはわかりません。
利用者が返却した資料にボールペンによる多数の書き込みがあったため、利用者に資料の弁償を求めた。利用者は一度了承したが、その後、来館した際、「何度も注意を受けた後ならともかく、最初から弁償を求めるとは、対応に納得がいかない。図書館での資料の選定・	その場で、資料の選定・購入方法を説明。弁償については、再度、館長と選定委員のメンバーで協議したいと伝えた。協議の結果、 ①返却本すべてに消せないボールペンで何ページにもわたり書き込みがされている。 ②県内で当館にしか所蔵がない本、新刊本、

利用マナーをめぐるトラブル	対　処　法
購入方法について説明してほしい。場合によっては館長と話したい」と述べた。	現在，市場での購入が不可能な本も含まれている。 ③当館で購入する資料は，資料収集方針に基づき選定し，備品として登録，利用に供するとともに，原則，永久保存している。 以上の理由から，再度，弁償（購入が不可能な資料は現品の代価で賠償）を求めたい旨を伝えた。 ※以前から，返却資料は，受付職員が中の書き込みや切り抜き等を確認している。また，賠償については，運営規則で定めている。
【大学】発達障がいとみられる学生の行動について。 館内で必要以上に大声を出す，体を揺らす，等の行動が見られ，他の利用者の迷惑となるおそれがある。	スタッフ間で情報を共有し，来館の際は注意して対応する。 他の利用者の迷惑となる行為が見られた場合は，声をかけ，ただちに対応する。念のため，学生課にも報告。
女性（30代）が閲覧席で男性から倒された。女性の独り言がうるさく，職員も一度注意したが，すぐにしゃべり始めたので男性が我慢しかねて倒した。女性はしばらく起き上がらない。	救急車を呼ぶ。警察に連絡。女性に被害届を出すかと尋ねると，「出すつもりはない，相手を殴りたいからここに呼べ」を繰り返す。女性が少し酔っていた可能性がある。男性もおさまらない。両者警察へ。

利用者からの申し立て	対　処　法
〈おはなし会〉の読み聞かせの声が大きくて迷惑である。もっと小さな声でするか隅のほうでできないか，と利用者から申し出があった。	〈おはなし会〉が月3回，30分であること，子どもに本に親しんでもらうために，ボランティアと一緒に行っている大事な事業であることを伝える。〈おはなし会〉の日程を説明し，この時間帯はご了承いただきたいとも伝える。その後，ブラウジングコーナーが〈おはなし会〉の会場に近いので，会の日程と読書室が利用できる旨の掲示を行う。
毎日のように来館している利用者が，思い出したようにカウンターで難癖をつける。その内容は毎回同じで「エレベーターが遅い」「子どもが騒いでいるのに注意をしないので，自分が注意している」「コピー機を使用するときに声をかけないと教えてくれない」の3点を繰り返して話す。 選書が悪い，税金の無駄使いだと非難される場合がある。	声も大きいのでカウンターから場所を移し館長が対応している。一度，児童室でも同じことがあり，児童室から出てもらおうとしたが動かないため，駅前交番から警察官に来てもらった。

職員への不当行為	対　処　法
自分が気に入らないこと（以下に記載）があると執ように職員を攻撃する利用者。 ・「幼児の足音がうるさい，静かにさせろ」 ・「閉館時に流れる音楽がうるさい」 ・「ほかの利用者の新聞をめくる音がうるさい」 ・「書架へ本を返すとき，本が書架に当たる音がうるさい」	なるべく，穏やかに相手の話を十分聞くようにし，謝るべきところは謝っている。 幼児☞「小さいお子さんなので，多少はしかたないのでは」と言ったら「口答えするな！」と逆ギレ。 音☞「音が気になるなら学習室に行かれては」と言ったら「口答えするな！」と逆ギレ。 当館は，お年寄りや子ども連れが多く，多少の物音ぐらいでは注意しないが，この利用者がいるときはクレームがつかないように，館内を職員が見回るようにしている。
カウンター職員に質問責め・読みたい本のリクエスト責め・レファレンス担当職員への質問責め。	書架にある本，書庫にある本を含め，読みたい本を探してほしいとカウンター職員に頻繁に話しかける。その都度，カウンター職員が対応するが，他の利用者への対応もあり，限界がある。参考図書室を紹介し，レファレンス対応とする。興味を持ったことに対して質問責めとなるが，時間の許す限り対応する。しばらく質問を繰り返した後，退室（退館）する。
職員にそのつもりはまったくないのに「冷たい」「無視した」「あいさつしてくれなかった」「（世間）話の途中で他の利用者の応対をした」等，あらゆることにクレームを言う。	近隣の館でも同様で，記録をとっているらしいので，来館のたびに日時，クレーム内容をノートに記入。
女性職員に，70歳くらいの男性の利用者が物を手渡そうとしたり，「カラオケに行こう」とか，電話番号を置いていこうとされたりして，対応に苦慮した。	物はお断りするようにしたが，お話を完全に聞かないわけにもいかず，うまく対応できない。上司には相談の上，何かあったらすぐ連絡できるようにはしたが，土・日等は不安なことも多かった。
学習室等，利用ルールを伝えた際に突然怒り出すケース。キレる，という言葉どおり，詰め寄られることも数回あった。	突然，一方的な主張で激怒される場合は，気を静める間も取れず言われるだけ言われ，悔しい思いをする場合が少なくない。
カウンターにかかってきた利用者からの問合せ電話に女性スタッフが応対。本来の用件が済んだあと，「何歳ですか」「声がきれいですね」「図書館へ行けば会えますか」とたたみかけ，わいせつなことを言い始めた。	男性スタッフに代わろうとしたところ，電話が切れた。また，その直後，かかってきた電話に男性スタッフが出ると電話は切れた。
一見，レファレンスの体を成しているが，実は司書と話がしたいだけの利用者（苦慮している）。障がいのある方の場合，サポートが	切り上げが難しい場合，電話がかかっている風を装い，他の職員が引き離したりする。特定の職員目当ての場合は来館を確認した時点

参考資料

職員への不当行為	対　処　法
必要な場面もあり，また刺激しないように言葉も慎重に選ばなければならず，時間を要してしまう。	でカウンターから外れる。
当自治体では利用者用のインターネット端末にフィルターがあり，見られないページが存在する。フィルターがかかっているためと説明したが，「労働組合のページなのになぜ見られない」「ほかの館では見ることができた」とごねられ，しかたなしに特別対応で，スタッフ用のインターネットの開けるものでこちらが傍につくことを条件にそのときは見せたが，繰り返し見たいのでまた来館するという。こちらとしても困るということで，フィルターの調整を担当者に相談することと，プリントアウトでの対応を提案したが，利用者用の端末かスタッフ用の端末で見たいと激怒して譲っていただけなかった。	調査したところ，同じページが同自治体内の他の館では見られることがわかったので，担当者に確認し，フィルターを緩められないか相談。確認したところ可能ということで，現在は利用者用のインターネット端末で見ていただいている。

不審な行動をとる利用者をみかけたとき	対　処　法
【大学】カウンターの女性職員の名札を見て氏名を覚え，名指しで大量にクレームのメールを送信する。 ・カウンターに女性職員が1名しかいない時間帯に来館し，クレームを言い続ける。	● カウンターに呼び出しベルを設置。該当の利用者が来館した際にはカウンターにいる職員がベルを押し，バックヤードの男性職員を呼び出して対応を代わってもらうようにした。 ● 書庫の鍵に防犯ベル付きのキーホルダーをとりつけた。 ● 緊急時の連絡先（内線番号など）を一覧にまとめ周知した。 【経過】 ● 出勤者数を増やすことはできず，カウンターが女性職員1名のみになってしまう状態は改善できなかった。 ● 該当の利用者は退学となったが，退学後も構内で姿を見かけられることがあり，警戒を続けている。
閲覧室内で「爆破予告」のメモが発見される。	警察に通報したところ，安全確認を実施するため，図書館利用者を屋外へ避難させ，2時間程度閉館した。
【大学】他大学の留学生を装い，学内で宗教の勧誘活動やパーティーを行っているとの情報が発覚し，学生に対し宗教勧誘や霊感商法に	本学では，入館ゲートが未設置のため，現状まったく無防備な状況ですが，たとえ一般利用者でも，望ましくない活動に伴う滞在場所

221

不審な行動をとる利用者をみかけたとき	対処法
気をつけるようにとの注意喚起が行われました。しかも調査が進むと，それらの学外関係者は，一般利用者として日常的に図書館を利用していたことが判明しました。	を提供するようなことは絶対避けなければなりません。一般利用者は入口カウンターで利用カードの提示を義務づけ，また，職員による館内巡回を行い，不審な利用者には声かけを行っています。
【大学】「殺してやる」など，ブツブツつぶやきながらカウンターに来る（精神的に不安定な学生）。	学内の関係部署（学生課，教務課，カウンセラールーム，保健室担当者）が精神的に不安定な学生を把握しているが，図書館へは，はっきり伝えてもらえない。学内全体で，精神不安定な学生への対応の講習会はあった。
毎日のようにいちゃいちゃしているカップル（10代）。身障者トイレに2人で入ったりする。	男子トイレに2人で入った場合など，その都度注意できることはするが，他の利用者からも苦情がある。
男子トイレで男性利用者が体を洗っていた（髭剃り）。	トイレでは手洗い以外はやめていただくよう注意した。

資料・施設備品の汚破損	対処法
男子トイレの窓にヒビ。キズの形状から隣の公園からエアガンで狙って撃たれたようだった。	警察に報告。現場検証を行う。近くの交番の警官の巡回を強化するとのことだったが，その後，警察から近隣の不審者情報についての報告や図書館への巡回もなし。エアガンで撃たれたのは1回だけで，その後，窓などが傷つけられることはない。
図書館入口付近の大きなガラスが割れているのを，閉館時職員が発見した。原因は不明。	警備会社とともに割れたガラスの応急処置を行う。翌日警察に連絡，いたずらの可能性も否定できないのでパトロールをさらに強化することになる。後日修繕。
男性トイレの個室内の便器以外のところで，用を足されることが1か月に一度くらいの割合で起こる。	個室トイレ内への美化呼びかけポスターの提示のほか，男性職員に，巡回するようにしてもらっているが，四六時中見張っているわけにもいかないので，防ぎようがなく，その都度，職員が清掃。
駐輪場における夜間のいたずらが多発（飲食物のごみ等のちらかし，三角コーン，自動販売機用のごみ箱等の破壊，花火，切り取った髪の毛の散乱，等）。	警察等へ状況を報告。夜間のパトロールを依頼。

資料・施設備品の汚破損	対　処　法
職員が書架を点検中,「死ねばいいのに」と鉛筆で書かれた落書きを発見。	同職員から事務室へ連絡が入り,事務室職員が現場を確認。改めて,別の職員も現場を確認し,写真保存後,消去。
男性用トイレに異物を流され,トイレが頻繁に詰まるようになった。	トイレを使用禁止にしていたが,あまりに頻繁に詰まるので調べたところ,計算機が無理やり流されていたことがわかった。

病人や事故が発生したとき	対　処　法
巡回中の警備員が駐車場に止めてある車の中に,ずっと男性が寝ており様子が変だと連絡があり,職員1名とともに確認。	消防署へ連絡,男性は車内で病死していた。
図書館入口で熱中症になった方が倒れていた。	消防署に連絡をとり,図書館の事務室で休んでもらった。
猛暑の日に具合が悪くなった利用者が2名いた。1名は歩くことはできるがフラフラするということであった。もう1名は書架の通路で横になっていた。	歩ける人は救護室のベッドで休んでもらい,水分の補給後,1時間ほどでよくなったことから自分で帰宅した。横になっていた人は,フラフラして立っていられないので,自ら横になったということであった。少し横になれば治るからと言われたため数分様子を見たが,よくなりそうもなかったため,本人の承諾を得て救急車を呼んだ。病人はその状態によって対応が異なると思うが,今回以上の重病人が出た場合,的確な判断と対応ができるか心配である。
【大学】急病人(過呼吸)。学生がパソコン操作中に過呼吸症状に陥った。	応急処置として職員がビニール袋を口に当てさせゆっくり呼吸を繰り返させた。その後,健康管理センターの職員に引き継いだ。

施設(敷地)内での犯罪行為,トラブル	対　処　法
高校生らしき男性が児童コーナーにいる女児(小学校高学年)に「お金をあげるから遊ぼう」と声をかける。女児が驚いて,職員に報告しようとカウンターに向かったところ,男性は走って図書館から出て行った。	職員は,後ろ姿のみ確認。その後,女児の保護者へ連絡後,お迎えをお願いした。休日の出来事だったため,後日小学校へ連絡。先生方が女児から話を聞いたところ,見たことのある男性だったと報告があり,地元の中学校のアルバムから男性を特定。その後,男性の来館はない。
2階女子トイレ(学習室・閉架のフロアで職員が常時いないフロア)でのぞき・つきまとい。	被害女性(高校生)が腕をつかまれた際,声をあげたため犯人は逃走。その後,カウンターにこういう人がいたと報告にきた。両親に連

施設(敷地)内での犯罪行為,トラブル	対 処 法
	絡し来館をお願いし,到着するまで事務室内で保護。両親にも経緯を説明し警察を呼ぶか聞いたところ,それは不要とのことだったのでそのまま帰宅。 職員が常駐していないフロアなので,今後の対策として無線式の呼び出しボタンを2階女子トイレの個室すべてに設置,トイレ内から職員を呼べるようにし,ベルが鳴った際の対応方法(事務室の職員が2名それぞれ正面階段と裏階段よりすみやかに2階トイレを確認しに行くこと,など)も決めた。 数回ベルが鳴ることがあったが,すべて間違って押したケースで,のぞき等は発生していない。
図書館の入口付近で男性(30〜40歳くらい)2人がスケボー遊びをしている。	施設職員と図書館職員(ともに男性)2人で注意したところ「どこでも断られるので,他にどこでやればいいのか」と悪びれた様子もなく聞き返された。施設入口付近は小さな子どもも利用するので,危険なのでやめてほしい旨を伝えたところ,その場は退散したが,離れた駐車場でしばらく続けていた。
利用者から館内の子どもの声がうるさいとの苦情あり。	1人の子ども(2歳くらい)の声が大きめではあったが,騒いでいてという様子ではない。ワンフロアの施設なのでご理解いただきたい旨をお知らせし,学習室の利用も勧めるが,「こっちが遠慮しなければいけないのか」とご立腹。子どもがトイレに移動する際の足音に対してもにらんでいた。(保護者の方にも声をかけ小さな声でお話しようと働きかけていたが,まだ年齢的に難しいようであった。)
放課後,図書館へ来館の女児(小学校中学年)へのつきまといの男性(30代くらい)。特定の女児の真正面に座り本を読んだり,女児が移動するとついてまわる。男性職員,警備員がいてもかまわず,女児を追い続ける。始めの頃は,特定の女児ばかりを狙っていたが,特定の女児がいないと別の女児を狙い,最終的には全女性が対象になり,本を読むふりをし,女性の体をジロジロ眺めている。	始めは様子をうかがっていたが,特定の女児にずっとつきまとうため男性職員の応援を頼んだ。しかし,気にする様子はなく,つきまといを続けた。女児が館内から出ようとしたときに女児に声をかけ引き留めることで,男性と引き離すことができた。その後,女児の保護者・小学校へ連絡し注意を呼びかける。また,男性が来館したときは,常に目を離さないようにし,対象者に声をかけ男性と引き離す対処法をとっている。男性の乗ってきたバイク・乗用車のナンバーは図書館で控え済。1回目のときに,警察へ事後報告をした際に,すぐに通報するよう指導された。2回目の事

施設(敷地)内での犯罪行為,トラブル	対　処　法
	件の際に，すぐに警察に連絡したところ，予想以上の数の警察官が来館し，被害女児やその保護者の状況を考慮せず，質問攻めにしていた。3回目以降は，保護者に対し警察へ届け出るか否か確認してから通報し，その場で通報しない場合は，被害者が帰ってから警察へは情報提供のみにしている。
児童開架スペースでの，女児に対するわいせつ行為（複数回発生）。	1回目の事件の後に，下記のような対応をした。 死角になりそうな場所への防犯鏡の設置／利用者への注意喚起の掲示／警備員の巡回／職員の巡回の強化／館内の暗号放送や職員の配置も含めた具体的な行動マニュアルを作成。模擬訓練も定期的に行っている。
2階廊下で物音がしたので行ってみると，男性が倒れており，その上に覆いかぶさる男性に首を絞められていた。あたりは男性の血で染まっていた。椅子に座っていたらいきなり殴りかかってきたとのことだった。	力をこめて首を絞めていたので，応援にきた職員数人で何とか引き離した。その後逃げ出した男性を，職員1人が後を追ったが捕えることはできなかった。ケガをした男性の介抱をするとともに事情を聞き，警察に通報，事情聴取が行われた。結局犯人は捕まらなかった。
電話に出たらすごく小さな声で「○○○」（わいせつな書名）を探してほしいと言われた。	調べますので少々お待ちくださいと言って保留にした後，男性職員に代わったら切れた。
幼児コーナーで（オープンの小部屋・受付からは死角）にて，中学生くらいの男子が変なことをしている（自分でわいせつ行為をしていたらしい）と子どもから連絡を受け，見に行くと姿はなかった。	鏡を設置し，幼児コーナーが見えるようにした。警察官の見回りコースに入れてもらった。以降，不審者はいない。スペースが小さく，不審者が現れにくい環境だと思う。
図書室内の本を読むコーナー横のコンセントに，携帯を差し込んで充電されていた方がおられた。その間，椅子に座って本を閲覧しておられた。	「充電してから帰るわ」との声が聞こえたので，確認したところ，携帯が充電されていたので，その方の電話か確認し，注意した。 充電をやめて退室されたが，なぜ充電がだめなのか，納得されていない様子だった。コンセントの差し込み近くに「携帯電話等の充電はご遠慮ください」の貼り紙を貼った。
【大学】文房具の貸出（はさみ，ホッチキス，のり等）希望者が多数図書館カウンターへ訪れる。	貸出の際はさみやカッター等の危険なものは閲覧席へ持っていかず，カウンターで利用してもらう。試験期間中はあまりに件数が多いため，文房具の貸出はいっさい行わないこととする（カウンターに貼り紙）。

施設(敷地)内での犯罪行為, トラブル	対　処　法
【大学】学外利用者が他館（公共図書館等）の廃棄図書を本学の図書館ごみ箱に何度も繰り返し投函していく。普通のごみ感覚で捨てている。	清掃者から図書館へ本の届け出があり、該当者（らしき人）に投函について尋ねたら認めた。学生が真似すると困るので本をごみ箱へ捨てるのはやめてもらうようにお願いした。しかし、今度は図書館外付けのごみ箱に入れるようになった。現在調査中。
【大学】女性トイレに男子学生が潜んでいた。職員が見つけ問いただし、注意したところ逃げてしまった。	男子学生が注意したあとに、お金（千円札）が落ちていたため警察に通報。その後、職員間でもトイレの掃除用具入れなどに不審者がいないか気をつけている。

災　害	対　処　法
台風や大雨の際はカウンターがある場所の足下まで水が浸水。	土のうを常備しておく。天気予報を見て少しでも気がかりな場合は、土のうをすぐに積めるようにしておく。
結露により資料のカビ。	建物の経年劣化により、結露がひどくさまざまな防止措置を行っているが、昨年被害にあった資料がカビた。
有害生物の侵入（シマヘビ・スズメバチ）。	台風後侵入、何度か捕獲に失敗し、館内に警告ポスターを掲示。利用者への注意を促した。1か月後に捕獲。
変電所トラブルによる、市内全域の停電。図書館を含む学内すべてのPC、照明等がすべて停止。	利用者への呼びかけ、安全確認。書庫は窓がなく、照明が消えると、昼間にもかかわらず真っ暗で、避難に支障が出た。後日、書庫に非常用懐中電灯を設置した。
大雨の際、中庭の桜の大きな枝が折れて落下、もう1本も今にも落ちそうな状態でぶら下がっていた。	三角コーンにより立入禁止区域を設定。同日、業者に依頼、枝の伐採と、その他の枝の状況について安全確認を行った。

図書館員が不安に思っていることなど	対　処　法
女性職員からカウンター内をずっと見つめている利用者や、男性職員でなくては話を聞いていただけずクレーム対応ができない利用者についての不安の声が出ている。	
認知症の方に対する本の貸出、返却に悩む。貸出しないで本を持ち帰られることもある。督促もやりにくい。弁償もしてもらってよいのか悩む。	対策は今のところなし。職員が気をつけていて、来館されたら声をかけたりする。

図書館員が不安に思っていることなど	対　処　法
図書館の近くに小学校があり，放課後は小学生が来館し，親が車で迎えに来るまでの待ち合わせ場所になっている。たまにだが，閉館しても親が迎えに来ず，図書館の外で親を待っているときがある。図書館員が帰ったあとに事故や事件に巻き込まれないか不安になるときがある。	学校でも図書館で待っていることを問題視して，学校で待つように指導しているらしいが，図書館に来る児童や親はまだいる。 どのような対応をすればよいかわからない。

図書館の自由に関する宣言

日本図書館協会
1954 年採択
1979 年改訂

図書館は，基本的人権のひとつとして知る自由をもつ国民に，資料と施設を提供することをもっとも重要な任務とする。

1 日本国憲法は主権が国民に存するとの原理にもとづいており，この国民主権の原理を維持し発展させるためには，国民ひとりひとりが思想・意見を自由に発表し交換すること，すなわち表現の自由の保障が不可欠である。

　知る自由は，表現の送り手に対して保障されるべき自由と表裏一体をなすものであり，知る自由の保障があってこそ表現の自由は成立する。

　知る自由は，また，思想・良心の自由をはじめとして，いっさいの基本的人権と密接にかかわり，それらの保障を実現するための基礎的な要件である。それは，憲法が示すように，国民の不断の努力によって保持されなければならない。

2 すべての国民は，いつでもその必要とする資料を入手し利用する権利を有する。この権利を社会的に保障することは，すなわち知る自由を保障することである。図書館は，まさにこのことに責任を負う機関である。

3 図書館は，権力の介入または社会的圧力に左右されることなく，自らの責任にもとづき，図書館間の相互協力をふくむ図書館の総力をあげて，収集した資料と整備された施設を国民の利用に供するものである。

4 わが国においては，図書館が国民の知る自由を保障するのではなく，国民に対する「思想善導」の機関として，国民の知る自由を妨げる役割さえ果たした歴史的事実があることを忘れてはならない。図書館は，この反省の上に，国民の知る自由を守り，ひろげていく責任を果たすことが必要である。

5 すべての国民は，図書館利用に公平な権利をもっており，人種，信条，性別，年齢やそのおかれている条件等によっていかなる差別もあってはならない。

　外国人も，その権利は保障される。

6 ここに掲げる「図書館の自由」に関する原則は，国民の知る自由を保障するためであって，すべての図書館に基本的に妥当するものである。

この任務を果たすため，図書館は次のことを確認し実践する。

第 1　図書館は資料収集の自由を有する。

1 図書館は，国民の知る自由を保障する機関として，国民のあらゆる資料要求にこたえなければならない。

2 　図書館は，自らの責任において作成した収集方針にもとづき資料の選択および収集を行う。
　　その際，
　(1)　多様な，対立する意見のある問題については，それぞれの観点に立つ資料を幅広く収集する。
　(2)　著者の思想的，宗教的，党派的立場にとらわれて，その著作を排除することはしない。
　(3)　図書館員の個人的な関心や好みによって選択をしない。
　(4)　個人・組織・団体からの圧力や干渉によって収集の自由を放棄したり，紛糾をおそれて自己規制したりはしない。
　(5)　寄贈資料の受入れにあたっても同様である。
　　図書館の収集した資料がどのような思想や主張をもっていようとも，それを図書館および図書館員が支持することを意味するものではない。
3 　図書館は，成文化された収集方針を公開して，広く社会からの批判と協力を得るようにつとめる。

第2　図書館は資料提供の自由を有する。

1 　国民の知る自由を保障するため，すべての図書館資料は，原則として国民の自由な利用に供されるべきである。
　　図書館は，正当な理由がないかぎり，ある種の資料を特別扱いしたり，資料の内容に手を加えたり，書架から撤去したり，廃棄したりはしない。
　　提供の自由は，次の場合にかぎって制限されることがある。これらの制限は，極力限定して適用し，時期を経て再検討されるべきものである。
　(1)　人権またはプライバシーを侵害するもの。
　(2)　わいせつ出版物であるとの判決が確定したもの。
　(3)　寄贈または寄託資料のうち，寄贈者または寄託者が公開を否とする非公刊資料。
2 　図書館は，将来にわたる利用に備えるため，資料を保存する責任を負う。図書館の保存する資料は，一時的な社会的要請，個人・組織・団体からの圧力や干渉によって廃棄されることはない。
3 　図書館の集会室等は，国民の自主的な学習や創造を援助するために，身近にいつでも利用できる豊富な資料が組織されている場にあるという特徴を持っている。
　　図書館は，集会室等の施設を，営利を目的とする場合を除いて，個人，団体を問わず公平な利用に供する。
4 　図書館の企画する集会や行事等が，個人・組織・団体からの圧力や干渉によってゆがめられてはならない。

第3　図書館は利用者の秘密を守る。

1 　読者が何を読むかはその人のプライバシーに属することであり，図書館は，利用者の読書事実を外部に漏らさない。ただし，憲法第 35 条にもとづく令状を確認した場合は例外とする。
2 　図書館は，読書記録以外の図書館の利用事実に関しても，利用者のプライバシーを侵さない。
3 　利用者の読書事実，利用事実は，図書館が業務上知り得た秘密であって，図書館活動に従事するすべての人びとは，この秘密を守らなければならない。

第4　図書館はすべての検閲に反対する。

1 　検閲は，権力が国民の思想・言論の自由を抑圧する手段として常用してきたものであって，国民の知る自由を基盤とする民主主義とは相容れない。
　　検閲が，図書館における資料収集を事前に制約し，さらに，収集した資料の書架からの撤去，廃棄に及ぶことは，内外の苦渋にみちた歴史と経験により明らかである。
　　したがって，図書館はすべての検閲に反対する。
2 　検閲と同様の結果をもたらすものとして，個人・組織・団体からの圧力や干渉がある。図書館は，これらの思想・言論の抑圧に対しても反対する。
3 　それらの抑圧は，図書館における自己規制を生みやすい。しかし図書館は，そうした自己規制におちいることなく，国民の知る自由を守る。

図書館の自由が侵されるとき，われわれは団結して，あくまで自由を守る。

1 　図書館の自由の状況は，一国の民主主義の進展をはかる重要な指標である。図書館の自由が侵されようとするとき，われわれ図書館にかかわるものは，その侵害を排除する行動を起こす。このためには，図書館の民主的な運営と図書館員の連帯の強化を欠かすことができない。
2 　図書館の自由を守る行動は，自由と人権を守る国民のたたかいの一環である。われわれは，図書館の自由を守ることで共通の立場に立つ団体・機関・人びとと提携して，図書館の自由を守りぬく責任をもつ。
3 　図書館の自由に対する国民の支持と協力は，国民が，図書館活動を通じて図書館の自由の尊さを体験している場合にのみ得られる。われわれは，図書館の自由を守る努力を不断に続けるものである。
4 　図書館の自由を守る行動において，これにかかわった図書館員が不利益をうけることがあってはならない。これを未然に防止し，万一そのような事態が生じた場合にその救済につとめることは，日本図書館協会の重要な責務である。

（1979.5.30　総会決議）

●参考文献等

■単行書

- 日本図書館協会図書館の自由委員会編『「図書館の自由に関する宣言1979年改訂」解説』第2版，日本図書館協会，2004
- 日本図書館協会図書館経営委員会危機・安全管理特別検討チーム編『こんなときどうするの？　利用者と職員のための図書館の危機安全管理作成マニュアル』日本図書館協会，2004
- 日本図書館協会図書館経営委員会危機・安全管理特別検討チーム編『こんなときどうするの？　図書館での危機安全管理作成マニュアル作成の手引き』日本図書館協会，2005
- 鑓水三千男，中沢孝之，津森康之介著『図書館が危ない！運営編』エルアイユー，2005
- 神谷優著，西川馨監修『図書館が危ない！地震災害編』エルアイユー，2005
- 神奈川県図書館協会危機管理特別委員会編『公立図書館における「危機管理」安全で快適な図書館をめざして　アンケート調査報告書』神奈川県図書館協会，2005
- 藤倉恵一著，日本図書館協会図書館の自由委員会監修『図書館のための個人情報保護ガイドブック』日本図書館協会，2005（JLA図書館実践シリーズ3）
- 鑓水三千男著『図書館と法　図書館の諸問題への法的アプローチ』日本図書館協会，2009（JLA図書館実践シリーズ12）
- 『図書館におけるリスクマネージメントガイドブック　トラブルや災害に備えて』文部科学省生涯学習政策局社会教育課，2010（平成21年度文部科学省委託図書館・博物館における地域の知の拠点推進事業図書館におけるリスクマネージメントに関する調査研究報告書　共同刊行：三菱総合研究所科学・安全政策研究本部社会安全マネジメントグループ）
http://www.mext.go.jp/a_menu/shougai/tosho/houkoku/1294193.htm
- 西河内靖泰著『知をひらく　「図書館の自由」を求めて』青灯社，2011
- 日本図書館協会編『東日本大震災に学ぶ　第33回図書館建築研修会』日本図書館協会，2012
- 『みんなで考える図書館の地震対策』編集チーム編『みんなで考える図書館の地震対策　減災へつなぐ』日本図書館協会，2012
- 日本図書館協会図書館の自由委員会編『図書館の自由に関する全国公立図書館調査　2011年　付・図書館の自由に関する事例2005～2011年』日本図書館協会，2013
- 全国公共図書館協議会編『2013年度（平成25年度）公立図書館における危機管理（震災対策等）に関する報告書』全国公共図書館協議会，2014
http://www.library.metro.tokyo.jp/Portals/0/zenkouto/pdf/2013-all.pdf
- 内野安彦著『図書館長論の試み　実践からの序説』樹村房，2014
　＊危機管理やクレーム，個人情報，内部統制，ホスピタリティなどの項目あり

■雑誌論文等

- 竹内ひとみ「図書館資料の盗難」『カレントアウェアネス』日本図書館協会，269，2002
http://current.ndl.go.jp/ca1451
- 「特集　図書館の危機管理」『現代の図書館』日本図書館協会，40(2)，2002，p.59-111
- 須永和之「学校図書館の危機管理」『現代の図書館』日本図書館協会，40(2)，2002，p.108-111
- 樋山千冬「動向レビュー『問題利用者』論の動向」『カレントアウェアネス』日本図書館協会，

274, 2002, p.7-10　http://current.ndl.go.jp/ca1479
- 長谷川豊祐「視点：大学図書館のカウンターから」『情報管理』科学技術振興機構, 46(4), 2003, p.256-258
- 山重壮一「図書館員の健康管理　安全衛生委員の立場から」『図書館雑誌』日本図書館協会, 98(11), 2004, p.842-844
- 小澤ゆかり「図書館で起こる予想外の出来事」『MediaNet』慶應義塾大学メディアセンター本部, 12, 2005
  http://www.lib.keio.ac.jp/publication/medianet/article/012/01200180.html
- 保坂睦「電子リソースの不正アクセス問題－あるいはある図書館のトラブル騒動記」『MediaNet』慶應義塾大学メディアセンター本部, 12, 2005
  http://www.lib.keio.ac.jp/publication/medianet/article/012/01200160.html
- 村上篤太郎「大学図書館におけるリスクマネジメント」『MediaNet』慶應義塾大学メディアセンター本部, 12, 2005
  http://www.lib.keio.ac.jp/publication/medianet/article/012/01200040.html
- 伊藤秀弥ほか「リスクマネジメント研究：コンソーシアム研究：人材育成研究」『私立大学図書館協会報』私立大学図書館協会, 126, 2006, p.98-107
- パブリック・サービス研究分科会リスクマネジメントグループ（リーダー：土屋貴之）「大学図書館におけるリスクマネジメント『大学図書館員のための個人情報保護チェックシート』の作成を中心に」私立大学図書館協会, 2006
  http://www.jaspul.org/pre/e-kenkyu/public/2004-2005/kougiroku/ronbun_mono1.pdf（mono2-4も参照）
- 「小特集：図書館資料の汚破損－利用者のモラルと公共財のリスクマネージメント」『現代の図書館』日本図書館協会, 45(2), 2007, p.55-86
- 蒲生英博ほか「大学図書館におけるリスクマネジメント　名古屋大学附属図書館の危機管理体制と実践」『大学図書館研究』学術文献普及会, 81, 2007, p.1-11
- 村上篤太郎「図書館の危機管理対策－図書館危機管理マニュアル作成と問題利用者への予防対応」『専門図書館』専門図書館協議会, 238, 2009, p.2-9
- 中沢孝之「図書館の危機管理」（[図書館界] 350号記念特集　図書館・図書館学の発展－21世紀初頭の図書館）『図書館界』日本図書館研究会, 61(5), 2010, p.400-457
- 千錫烈「アメリカにおける公共図書館の利用をめぐって－図書館裁判の判例を中心に」『山梨英和大学紀要』山梨英和大学, 9, 2010, p.121-135
- 中沢孝之「図書館の危機管理を考える」『館灯』私立大学図書館協会西地区部会東海地区協議会, (51), 2012, p.1-10
- 村上庸子「米国図書館のリスクマネジメントに学ぶ『災害に強い図書館』」『東北大学附属図書館調査研究室年報』東北大学附属図書館, 1, 2012, p.29-41
- 村上庸子, 芦原ひろみ「米国大学図書館におけるリスクマネジメント：自然災害, 犯罪, テロ, 戦争, 原発事故等あらゆる災害へのプランとスキル」『大学図書館研究』学術文献普及会, 95, 2012, p.83-93
- 佐藤恵「この3年で防災への意識はどう変わったか　東北学院大学図書館の事例」『びぶろす』国立国会図書館総務部, 64, 2014　http://ndl.go.jp/jp/publication/biblos/2014/4/01.html

索引

＊本文を対象に作成しました。
＊事項索引，法令・判例索引で構成されています。

事項索引

あ

あいさつ	2, 3, 6, 10, 13, 23, 26, 38, 43, 45, 47, 47, 50, 55, 78, 90, 91, 95, 120, 123, 126, 127, 128, 132, 134, 136
ICカード	32
ICタグ	23
アニバーサリー反応	168
アレルギー	41, 153
安全確保	47, 82, 112, 127, 146, 159, 169, 172, 176
安否確認情報	175
家出	70
囲碁	44
意識不明	104
遺失物	142
いたずら電話	197, 198
移動図書館車	114, 115
居眠り	59, 60
威力業務妨害	14, 83
飲食	38, 39, 40
インフルエンザ	107, 108

ウイルス除去ソフト	192
AED	→自動体外式除細動器
SNS	13, 98, 155, 192
エレベーター	112, 113
塩化カルシウム	165
延滞資料	15
応急処置	104, 106, 109, 110, 112, 116, 153
横領	22, 195
大雨	162, 163
公の施設	7, 37, 52, 60, 156
大雪	164, 165, 166
置き引き	104, 120
おしゃべり	45, 46, 48, 60
オセロ	44
お茶ガラ	19
音	43, 48, 49
汚破損（施設）	100, 102
汚破損（資料）	16, 17, 93, 98, 100, 170
おもてなし	25, 26

か

開館時間延長	138
介助犬	41
害虫駆除	153
害虫・昆虫	153
懐中電灯	178
鍵の無断複製	194
隠しカメラ	123
火災保険	163, 166

233

火砕流	170
火山ガス	170
火山活動情報	169, 170
火山灰	169, 170
貸出冊数制限	24
貸出履歴	78, 182, 187
ガス漏れ	98
カッター	129
カーブミラー	116
感染症	107, 108
館長の職務権限	4
館内巡回	6, 23, 24, 25, 45, 48, 55, 78, 101, 105, 121, 126, 128, 132, 132, 134, 150
館内放送	25, 64, 92, 109, 150, 155
管理運営規則	8, 13
危機管理広報	194
危機管理備品	49
偽計業務妨害	145, 198
危険物	127, 128
寄贈図書	27
規則	14
規則制定権	14
寄託契約	156
貴重書	21, 99, 163, 169
喫煙	38, 39
器物損壊	17, 101, 121, 130, 131
救急救命法	59, 104, 105, 106, 110
救急箱	92, 105, 110, 151
急死	104
急病	70, 104
教育委員会規則	14
凶器	83, 127, 132

行政対象暴力	83
強制わいせつ罪	126
郷土資料	163, 170
脅迫罪	198
業務委託仕様書	5
虚偽登録	136
切り取り(資料)	16, 129
記録	3, 11, 43, 47, 65, 66, 77, 82, 86, 100, 109, 114, 116, 126, 134, 159, 162, 166, 169, 172, 197
緊急連絡先	98
緊急連絡網	47, 166, 203
空気清浄機	50, 52
空振	170
クライシスコミュニケーション	203
車椅子	105
クレーム	3, 4, 10, 11, 12, 13, 15, 43, 48, 59, 62, 88
クローク	24
警告	77, 84, 90, 130
刑事事件	184, 185
携帯式ラジオ	178
携帯電話	37, 45, 46, 56, 82, 114, 122, 164, 171, 175, 178, 192
ケガ	104, 110, 116
激甚災害指定法	→激甚災害に対処するための特別の財政援助等に関する法律
激甚災害に対処するための特別の財政援助等に関する法律	162, 172
ゲーム	43, 44
ゲリラ豪雨	162, 164
減価償却	17, 18
けんか(職員)	191

けんか(利用者)	47, 48	── 騒ぐ・泣く	61
原子力災害	176, 179	── 事故	109
原子力発電所	176, 177, 180	── 放任	64, 65
原子力防災訓練	176	── わいせつ行為	125
原子力防災計画	176	コミュニティポリシング	102
建造物侵入罪	37	コンセント	162
権利制限	30	コンプライアンス	194
牽連犯	121		
公衆電話	171	**さ**	
公然わいせつ罪	124, 126	災害伝言ダイヤル	171
交通事故	116	詐欺罪	33
口蹄疫	107	さすまた	48, 49, 127, 128, 130, 150, 152
公文書偽造	33	座席利用	57, 120
公民館	8	撮影	35, 36
公務員賠償責任保険	202	殺虫剤	154
公務執行妨害	14, 83	自家発電装置	178
声かけ	3, 6, 13, 23, 25, 26, 47, 48, 55, 57, 61, 64, 77, 78, 90, 91, 105, 123, 126, 128, 130, 134, 136	事業継続計画	107, 166
		事故(事件)報告書	6, 74, 104, 120, 122, 127
国際教養大学図書館	139	自己責任	113
古書店	25, 26, 136	時事情報	157
護身術	83, 128	事実確認	84, 86, 122, 194, 199, 202
個人情報	27, 47, 135, 138, 178, 182, 184, 187, 193, 196	地震災害保険	170, 172
		システム管理	188
個人情報の保護に関する法律	183	施設管理権	31
個人情報保護条例	183, 188	施設管理責任	111
個人情報保護法 →個人情報の保護に関する法律		自然災害	115, 162, 164, 165, 169, 172
		失禁	92, 94
国家賠償法	111, 116	指定管理	5, 14, 115, 200
固定電話	171	児童虐待	66, 70, 71, 72, 76
子ども		自動車運転過失致死傷	115
── 置き去り	66, 67	児童相談所	66, 67, 70, 71
── 急病	70	自動体外式除細動器(AED)	104, 105, 106

235

自動ドア	112, 113	人身事故	114, 115, 116, 156
私文書偽造	33	浸水	162, 163
自閉症	95, 96	心的外傷後ストレス障害	168
姉妹都市	163, 172	水道管破裂	98
車上荒らし	117, 156	水分補給	38, 40
住居等侵入罪	36, 39, 42, 46, 54, 56, 58, 60, 91, 129	姿見	23, 126
重曹	19	スコップ	163, 166
拾得物	142	スタッドレスタイヤ	166
住民監査請求	22	捨て犬	148
収賄	194, 195	捨て猫	148
受動喫煙防止条例	39	ストーカー	76, 77, 78, 79, 86, 87, 196
守秘義務	183, 185, 193, 195	スピードバンプ	116
巡回ステーション	114, 115	スプリンクラー	98, 99
傷害罪	48, 131	スマートフォン	35, 36, 44, 193
障がい者マーク	155	正当防衛	48
将棋	44	セキュリティシステム	134
使用者責任	201	セキュリティポリシー	188
消臭剤	19, 50, 52	セクシャルハラスメント	76, 84, 200, 201
肖像権侵害	35, 36	セクハラ →セクシャルハラスメント	
消費生活センター	198	接遇研修	4, 13
情報共有	4, 70, 77, 84, 86, 90, 91, 92, 93, 96, 121, 135, 191, 198, 202	窃盗罪	25, 121, 135, 137, 195
情報倫理教育	192	セールスの電話	197, 198
掌理	8	戦争	157
条例	14	扇風機	19
除籍本	136	捜索令状	184, 186
除雪	165, 166, 168	捜査事項照会	185, 186
除雪機	166	蔵書印	26
除染	178, 180	蔵書点検	24
資料収集方針	27	疎開	157
人権侵害	50, 123, 124	損害賠償	17, 18
新古書店	136	損害賠償責任	36, 99, 106, 110, 113, 115, 116

た

退館命令 8, 50, 58, 60, 185
台風 162, 163
逮捕監禁罪 129
タオル 92, 105, 176, 177
託児所 65
たむろ 55
担架 105
男女共同参画センター 66, 76
談話室 43, 45, 55
痴漢 84, 122, 123, 124
チームワーク 4, 13
駐車場 117, 147, 155, 156, 165
長時間占有 57, 58, 139, 189
聴導犬 41
懲罰委員会 194
著作権 29
著作権法 5, 28
通報訓練 6, 128
つきまとい 77, 79, 86
泥酔 53, 54
停電 166, 168, 169, 170, 178
デジタルカメラ 31, 35
鉄棒 127, 128
DV →ドメスティックバイオレンス
DVシェルター 75
手袋 92, 105, 166, 178
手指消毒剤 107
天気予報 162, 165, 177
電熱線 99, 166
電話の応対 88
盗撮 122, 123, 124
東南海地震 172

盗難(備品) 102, 134
盗難(持ち物) 43, 120, 121
盗難資料の売却 136
盗難保険 134, 135
動物
　── 侵入 150
　── 放置・遺棄 148
督促 20, 21, 32, 182
図書館員の倫理綱領 5, 51
図書館条例 5
図書館の自由に関する宣言
　 5, 51, 182, 183, 184, 187, 192
図書館の設置及び運営上の望ましい基準
　 5
図書館の方針 10, 13, 17, 45, 53, 55, 101, 116, 117, 128, 183, 184
図書館法 5
図書館利用ガイダンス 4, 13, 39, 44, 110
図書館利用規則 8, 17, 39, 42, 44, 46, 50, 53, 54, 56, 58, 60, 100, 101, 131, 133
図書落下防止書棚 173
土のう 162, 163
ドメスティックバイオレンス 66, 74, 76
鳥インフルエンザ 108

な

内容証明 20
長靴 166, 178
名札 87
なまもの(忘れ物) 143
なりすまし 32, 34, 192
ナンバーディスプレイ 197, 198

におい	16, 18, 19, 50, 52, 56
24時間開館	138, 139
ニホンカモシカ	152
入退館システム	138
認知症	20, 24, 25, 92, 93, 94
熱中症対策	38, 165
熱波	165
ノロウイルス	73, 152

は

配偶者暴力相談支援センター	74
配達証明	20
ハエたたき	154
萩市須佐図書館	139
ハザードマップ	170
はさみ	129, 130
蜂の巣	111, 153
バックアップ	163, 165, 170, 172
発達障がい	96
パニック	96, 105
刃物	124, 127, 128, 133
パワハラ →パワーハラスメント	
パワーハラスメント	199, 200, 201
被害届	120, 121, 122, 123, 125, 126, 134
被害の連鎖	7
東日本大震災	159, 169
非常用電話	139
BDS	23, 25, 26
PTSD →心的外傷後ストレス障害	
避難協定	163, 170, 172
避難計画	170
避難指示（自治体等）	164, 167, 171, 174, 179
避難所	157, 159
避難誘導	127, 169
ビニールシート	162, 163
誹謗中傷	100, 101, 189
秘密録音	4
雹	164
非来館型サービス	138
フィルタリングソフト	189, 192
布教活動	197
複写	28, 29
複写規定	28
複製	30, 31
侮辱罪	83, 101, 200, 201
不審者	90
不審物	144, 145, 146
不正アクセス	189, 190, 192
不正操作	189
不正利用	32, 139
不退去罪 →住居等侵入罪	
負担付贈与	27
ブックケース	25
ブックシャワー	18, 19
ブックトラック	49, 127, 150, 152
ブックポスト	120, 144, 186
物損事故	114, 115, 156
舟橋村図書館	152
不発弾処理	157, 159
不法投棄	146
プライバシー	13, 20, 21, 23, 32, 35, 66, 123, 126, 182, 186, 193
ブレーカー	162
フロアワーク	90, 128
噴火	169, 170

紛失	120
噴石	169, 170
別置管理	24
ペット	41, 154
弁償	16, 17, 92, 130, 189
弁償免除	21
暴言	82, 90, 94
暴行罪	48, 131
防護服	178
防災訓練	163, 166, 170, 173
防災計画	162, 163, 166, 170, 172, 178
防災BOOKバッグ	174
放射性物質	176, 178
放射線検知器	178, 180
放射線量	180
放射能雲	176, 177, 180
放射能微粒子	176
放置物	146
防虫剤	154
防犯カメラ	23, 25, 26, 78, 120, 126, 135, 139, 186
防犯カメラ運用規則	23
防犯研修	128
防犯ブザー	37, 82, 126, 128, 138
防犯ミラー	23, 25, 126
暴力	82, 83, 90, 130
捕獲器	153
保険	98, 110, 112, 114, 116, 117, 162, 163, 166, 172, 202
保護責任者遺棄	115
保守点検	99, 112
ポスター掲示	6, 120, 139, 144
捕虫網	154
ホームレス風の人	50, 52
本人確認	32, 33, 142

ま

迷子	64, 66
マスク	105, 107, 108, 176, 177, 178
また貸し	20, 21
水漏れ	98, 99
身だしなみ	3, 13
未返却(資料)	20, 22
無言電話	197, 198
無断撮影	35, 36
無断持ち出し(資料)	23, 24, 25, 26, 136, 194
名誉毀損	83, 101, 190, 200, 201
迷惑行為	44, 50, 52, 55
迷惑防止条例	78, 85, 87, 124, 198
メガホン	49
盲導犬	41
毛布	105, 166
目的外利用	50, 55
元栓	98, 99
問題行為(職員)	194

や

夜間開館	53, 138
薬物	132, 133
野鳥	148, 149
融雪剤	165
ヨウ素剤	176
善きサマリア人の法	106
予防接種	107, 108

ら・わ

落書き ……………………… 100, 101, 102
落雷 ……………………………………… 162
利用者用インターネット端末 ……… 189
利用マナー
　……… 4, 13, 39, 44, 46, 48, 90, 110, 139
臨時休館 ……… 98, 107, 108, 144, 150
倫理規定 ………………………………… 194
冷蔵庫用脱臭剤 …………………………… 19
レインコート ……………………… 176, 178
漏電 ……………………………………… 165
録音 ………………………………… 3, 4, 82, 86
録音機能付き電話機 ………………… 197
ロッカー ……………… 24, 104, 120, 127, 144
わいせつ電話 ……………………… 86, 197
わいせつ物頒布 …………………… 83, 190
忘れ物 ……………………… 43, 142, 143, 146
割れ窓理論 ……………………………… 102

法 令 ・ 判 例 索 引

あ

遺失物法
　第 4 条 ………………………………… 143
　第 13 条 ……………………………… 143
　第 14 条 ……………………………… 143
　第 15 条 ……………………………… 143

か

覚せい剤取締法
　第 14 条 ……………………………… 133
感染症の予防及び感染症の患者に対する
　医療に関する法律
　第 29 条 ……………………………… 108
警察官職務執行法
　第 3 条 ………………………………… 54
刑事訴訟法
　第 197 条 …………………………… 185
軽犯罪法
　第 1 条 …………… 124, 129, 147, 149
刑法
　第 37 条 ……………………………… 106
　第 39 条 ………………………………… 25
　第 41 条 ………………………………… 25
　第 54 条 ……………………………… 121
　第 95 条 …………………………… 14, 83

第 130 条 … 36, 37, 39, 42, 44, 46, 50, 54,
　　　　　　56, 58, 60, 78, 91, 129, 133
　第 155 条 ─────────────── 33
　第 158 条 ─────────────── 33
　第 159 条 ─────────────── 33
　第 161 条 ─────────────── 33
　第 174 条 ──────────── 124, 126
　第 175 条 ───────────── 85, 190
　第 176 条 ─────────────── 126
　第 197 条 ─────────────── 195
　第 197 条の 3 ─────────── 195
　第 204 条 ───────────── 48, 131
　第 208 条 ──────────────── 48
　第 211 条 ─────────────── 115
　第 218 条 ─────────────── 115
　第 220 条 ─────────────── 129
　第 222 条 ─────────────── 198
　第 223 条 ─────────────── 201
　第 230 条 ─── 83, 101, 190, 200, 201
　第 231 条 ──────── 83, 101, 201
　第 233 条 ──────────── 145, 198
　第 234 条 ───────────── 14, 83
　第 235 条 ──── 24, 121, 135, 137, 195
　第 246 条 ─────────────── 33
　第 252 条 ───────────── 22, 195
　第 261 条 ──────── 17, 101, 131
原子力災害対策特別措置法
　第 27 条の 2 ─────────── 179
　第 27 条の 3 ─────────── 179
高齢者，身体障害者等の移動等の円滑化
の促進に関する法律第 11 条の規定に
よる路外駐車場移動等円滑化基準
　第 2 条 ─────────────── 156

国家賠償法
　第 1 条 ──── 115, 164, 167, 171, 174, 179
　第 2 条 ────── 99, 110, 111, 113, 117
古物営業法
　第 15 条 ─────────────── 137

さ

災害対策基本法
　第 60 条 ──────── 164, 167, 171, 174
　第 61 条 ──────── 164, 167, 171, 174
最高裁判所平成 12 年 7 月 12 日判決 ── 4
自衛隊法
　附則第 4 項 ───────────── 158
児童虐待の防止等に関する法律
　第 2 条 ──────────────── 67, 72
　第 4 条 ──────────────── 67, 72
　第 6 条 ──────────────── 71
自動車損害賠償保障法
　第 3 条 ─────────────── 115
銃砲刀剣類所持取締法
　第 22 条 ─────────────── 129
所得税法
　第 2 条 ──────────────── 18
　第 49 条 ─────────────── 18
身体障害者補助犬法
　第 7 条 ──────────────── 42
ストーカー行為等の規制等に関する法律
　第 3 条 ──────────────── 78
　第 4 条 ──────────────── 78

た

大麻取締法
　第 3 条 ─────────────── 133

241

地方教育行政の組織及び運営に関する法律
　第33条 ……………………………14
地方公務員法
　第29条 ………………183, 191, 193, 195
　第30条 ……………………191, 193, 195
　第32条 ……………………191, 193, 195
　第33条 ……………………191, 193, 195
　第34条 ………………183, 185, 193, 195
地方自治法
　第15条 ……………………………14
　第96条 ……………………………27
　第225条 …………………………156
　第228条 …………………………22
　第242条の2 ……………………22
　第244条 …………………………8, 50
著作権法
　第30条 ……………………………31
　第31条 …………………………29, 30
　第37条 ……………………………30
　第37条の2 ……………………30
著作権法施行規則
　第2条の2 ………………………30
著作権法施行令
　第1条の3 ………………………29
　第2条 ……………………………30
　第2条の2 ………………………30
東京地方裁判所平成7年4月28日判決
　……………………………………30
動物の愛護及び管理に関する法律
　第7条 …………………………149
道路交通法第72条 ………………115
特定外来生物による生態系等に係る被害の防止に関する法律

　第11条 ……………………………154
特定商取引に関する法律
　第17条 ……………………………198
毒物及び劇物取締法
　第3条 ……………………………133
図書館法
　第2条 ……………………44, 50, 91
　第13条 ……………………4, 8, 27

な・は

日本国憲法
　第13条 ……………………………36
　第35条 ……………………184, 185
廃棄物の処理及び清掃に関する法律
　第16条 ……………145, 147, 149
配偶者からの暴力の防止及び被害者の保護に関する法律
　第6条 ……………………………75
不正アクセス行為の禁止等に関する法律
　第3条 ……………………………190

ま

麻薬及び向精神薬取締法
　第12条 ……………………………133
民法
　第549条 …………………………27
　第698条 …………………………106
　第709条 ………17, 36, 101, 131, 201
　第714条 ……62, 65, 93, 96, 101, 115, 131
　第715条 …………………………201
　第818条 ………62, 65, 93, 96, 101, 131
　第820条 ………62, 65, 93, 96, 101, 131
　第858条 …………………………93

◆経過報告

【2013年】
7月5日
第1回会議
- 顔合わせ，コンセプト・全体の構成の確認
- ブレインストーミングにより，各項目の洗い出し，整理
- スケジュール・役割分担の確認

7月6日〜8月29日
- 担当内で各項目の作成。第1稿の完成

8月30日〜11月17日
- 中沢が原稿の確認
- 各担当で執筆部分の確認・修正

11月18日
第2回会議
- 全体の構成を決定
- 原稿の検討

11月19日〜2014年1月10日
- 各担当で原稿の確認・修正，コラムの作成

【2014年】
1月11日〜2月18日
- メールでの意見交換，コラム等の修正

2月19日
第2稿の完成

2月20日〜3月30日
- 第2稿の確認・修正

3月31日第3回会議
- 第2稿の確認・修正

4月1日〜6月5日
- コラム・参考文献・目次等の調整

6月6日
本文デザイン依頼

6月18日
本文デザイン案提示，検討

7月16日
初校完成

7月17日〜
項目の補足・調整，校正

◆メンバー

石川敬史（十文字学園女子大学）
加藤孔敬（名取市図書館）
倉持正雄（文京区立真砂中央図書館）
白井恵子（君津市役所）
鈴木史穂（福島県立図書館）
戸張裕介（調布市立図書館国領分館）
中沢孝之（白河市立図書館）　◎

イラスト●戸張晴菜

　　　（五十音順　2019年4月現在　◎はリーダー）

◆執筆協力

鑓水三千男

◆写真・情報提供(掲載順)

飯能市立図書館(埼玉県)
舟橋村図書館(富山県)
日本ファイリング株式会社
金剛株式会社
キハラ株式会社
住友スリーエム株式会社

◆協力いただいた方々(敬称略,順不同)

菅野佳子
風間真由美
渡辺哲成
青木玲子

◆事務局

内池有里

視覚障害者その他活字のままではこの本を利用できない人のために，日本図書館協会および著者に届け出る事を条件に音声訳（録音図書）及び拡大写本，電子図書（パソコンなど利用して読む図書）の製作を認めます。但し，営利を目的とする場合は除きます。

EYE LOVE EYE

みんなで考える こんなときどうするの？
―― 図書館における危機安全管理マニュアル作成の手引き

2014年10月10日　初版第1刷発行ⓒ
2019年 6月20日　初版第4刷発行

定価：本体 1,500 円（税別）

編　者 ● 日本図書館協会図書館政策企画委員会
　　　　『こんなときどうするの？』改訂版編集チーム
発行者 ● 公益社団法人 日本図書館協会
　　　　〒104-0033　東京都中央区新川 1-11-14
　　　　Tel 03-3523-0811㈹　Fax 03-3523-0841
デザイン ● アール・ココ（清水良子/馬場紅子）
印刷所 ● 神谷印刷㈱

Printed in Japan
JLA201905　　ISBN978-4-8204-1408-7
本文の用紙は中性紙を使用しています。

みんなで考える 図書館の地震対策
——減災へつなぐ

JLAのおすすめ

『みんなで考える図書館の地震対策』編集チーム●編

地震対応マニュアル作成に必要なポイントが満載!

大震災から3年たちましたが,さらに大規模な地震が高い確率で発生するとい東日本われています。地震が発生したら図書館に何が起こるか,人,設備,資料を救うために何が必要か,各館でマニュアルを作成し,組織的に災害に立ち向かう必要があります。本書には地震対策について「みんなで考える」ためのアイディア,ヒントがつまっています。みなさんの図書館で地震対応マニュアルを作成する際に,ぜひ活用してください。

【主要目次】
I みんなで考える
II 地震に備える
　利用者への注意喚起,情報収集・提供,用意したい道具,設備への被害防止・軽減,資料の保存・保管,分散保存
III 地震発生
　利用者の誘導,運転中の地震,割れた蛍光管,停電時
IV 地震後の行動
　けが人への対応,施設被害の確認,避難者の受け入れ,被災地支援のあり方,東日本大震災時の各館の対応
V 参考資料
　事業継続計画,災害コーディネーター,防災訓練,チェックリスト,参考文献・サイト

A5／127p／1000円(税別)／ISBN978-4-8204-1206-9

発行●公益社団法人 **日本図書館協会**
〒104-0033 東京都中央区新川1-11-14 出版販売係
Tel 03-3523-0812　Fax 03-3523-0842　hanbai@jla.or.jp
(お問い合わせ・ご注文はメールでもお受けします)